Charlotte Elling

# Mehr Vertellsches on Vääschkes uttem Wopperdal

*Herausgegeben von Paul Decker*



Verlag Edition Köndgen

# Inhaltsverzeichnis

## Uttem Neikäsken van de Bökerei en Elwerfeld



## Geschräbbels – odder: Döt on Dat op Huadütsch odder Barmer Platt

*Op de Heemot*

# Vorwort

1925 in Barmen geboren und bis heute dort beheimatet. Wer, wenn nicht sie, wäre geeignet, uns die Eigenarten, Liebenswürdigkeiten und Macken der Menschen im Tal der Wupper vor Augen zu führen?

Charlotte Elling – ein Mädchen, eine Frau aus Wuppertal, die vieles, was sie in diesem Buch beschreibt, in Form von „Vertellsches un Vääschkes“ selbst erlebt hat.

Freude, Liebe, Kummer und Leid. All das, was auch unser Leben prägt, hat sie zu Papier gebracht und läßt uns in ihrem zweiten Werk „Mehr Vertellsches un Vääschkes uttem Wopperdal“ daran teilhaben. Viele Begriffe aus der Wuppertaler Mundart, deren Bedeutung auch manchen Experten unserer Heimatsprache noch zu denken geben, werden ins Hochdeutsche übersetzt.

Sehr unterhaltsam und auch lehrreich für jeden, der an unserem „Wopperdaler Platt“ interessiert ist.

*Völl Spass bim Lesen un Vertellen!*

*Önken Päule Decker*

# Menschen so äs du on ek

# Wennße schwews

De Schwewe nömmt se alle met,
de Kenger on de gruaten Lütt.
Bethal dän Fahrpries, on ömsönß
es dat Rongserömgedöns!
Dat hett, wat söß noch all geboten,
es samt on songersch eengeschloten.
Me es am Fahren on am Schockelen,
dronger döt de Wopper zockelen.
Ogen, Uaren on de Nas
hannt völlen –, odder keenen Spaß!
Mönkesmol es et benaut,
en Knufflok hätt de Loft geklaut.
Watte rücks so röngseröm,
es pattu nich nur Parföm.
De Häng donnt sek nom Fenster recken,
opgesperrt!, nu döt et trecken.
En Schlaumeier es sek am Freuen:
„Drei, et öm, denn döt et döüen!"
Vüar, henger, newen dek,
Menschen, so äs du on ek!
Nu kasse en de Gegend dösen,
bim Nober kasse Zeitong lesen!
Kiek dek de Woppernixen aan, –
nich in de Wopper! – en de Bahn!
Du hüarß dek aan met völl Gedold,
wä am Striet mem Matta schold,
on dat däm Dengens sinen Schäng
Molesten hätt met sine Täng.
Am Ollen Matt, do blenkt en Scheld

vam Odör de wieten Welt,
on derektemang dovüar,
stött en Ami an de Düar,
op sinem Schört stött „USA",
„made in California"!
De Schwewe schwewt, on schon am Loh
fröscht dä Ami: „Is here Zoo?"
Newen am, es decke Tante,
kloppt, äs wöär se sin Bekannte
äm op dän Arm on seit vernehmlich:

„Hier es Loh!, wat bösse demlech!
Kam wis mi, ei olzo go
bi de Apendiersch em Zoo!"
Dä Ami meent: „I am so free,
thanks", on „I love Germany!"
Son ollen Knacker seit för sek:
„De Apen freuen sek op dek!"
De Öllsche mettem Gorkendöppen
pufft äm doför dat en de Rebben,
on dobie es se am grollen:
„Kasse nich de Mule hollen?"
De Schwewe holl, on nu stiggt ein,
en Opa met em Hömpelbeen.
De Oma sücht nich mia so völl,
ähr Ongerrock mackt, wat hä well.
Et Brillenhänsken met Getöse
kriesch on mackt de Oma böse:
„Oma, bi dek döt et bletzen!"
Dat Fräuken sökt sek wat tum setzen,
denn seit se för de Wiesnas promt:
„Paß op, wenn gliek dä Donner kommt!"

On rechtig hett et: „Kleenen Stropp,
stoh eß för dän Opa op!
Ek häff en Utwies, ek sie krank,
mek gehüart nu hiar de Bank!"
On dä Opa met Rabbatz
sett sek om Behengertenplatz.
Dat Hänsken mackt noch flöck ne Fratze,
tuppt däm Opa op de Glatze,
en lange Nas on ab no hengen,
lot dä Opa wiarschängen!
Opgepaßt!, Tonisterecken
donnt dek de Knöpp vam Mankel trecken!
Nu kömmt en Fraumensch met twei Blagen,
eens liat noch em Kengerwagen.
Dat Kleene es teiarscht am schlopen,
dat kömmt de Mama wie geropen.
Dä angere Donnerkiel van Stropp
hätt nur dommet Tüg em Kopp.
Hä soll nu bi de Mama bliewen,
dat kamme enen Schornsteen schriewen.

Rötscht ondönig op däm Platz,
denn es hä fott met eenem Satz.
Höppt expree nu raff on rop,
plärrt knatschfalsch noch owendrop,
äwwer hatt, met volle Tong,
vam Nena sinem Loftballong.
Denn kloppt hä ok noch äs en Tromm
op däm Kengerwagen rom!
„Holl dek fast, du Wibbelstätt!"
Paff –, liat dä Ondocht op de Äät!
Nu göfft et eenen an de Bollen,

weil hä sek nich fastgehollen.
Dat Kengk, dat norkt, ochott ochott,
dat eene Knei, dat es kapott!
Wovon dat kömmt?, De Mama weet et:
„Du häß dek noch nich schüan gebetet!"
Dat Kleene döt dän Hals opsperren
on fängt nu ok noch aan am blärren.
De Mama hatt dat Knei verbongen,
de Nas geschnütt bes en de Longen,
stoppt äm en Klömken en de Mongk,
on seit noch: „Gote Besserongk"!
„Nu göff däm Kengk dat Räppelken,
du kriss ok gliek en Äppelken.
On bösse aatig on nich fies,
kopt de Mama dek en Iis"!

Olle, Jonge on ok Blagen
pröffen ruut on rin em Wagen,
en Drömmelspitter kreeg en Döü,
dat Lecht es grön, dä Wäg es frei.
Dä Fahrer em Kabäusken weet,
wat „allerhangk Fazüner" hett.
Hä fährt de Rieken on de Armen
van Vohwenkel no Owerbarmen,
on teröü, de selwe Strecke,
de Stenknormalen on de Jecke.
Hä kiekt no vüarn, on nur no hengen,

wenn Rüppels am Krakeelen fengen,
on freut sek op de Endstatzijuan –,
do stött dat „Hüsken“ van de Bahn!

---

Schwewe – *Schwebebahn*
mönkesmol – *manchmal*
benaut – *beklommen*
Knuffloh – *Knoblauch*
rücks – *riecht*
vüar – *vor*
henger – *hinter*
Nober – *Nachbar*
Molesten – *Schwierigkeiten*
Täng – *Zähne*
Gorkendöppen – *Gurkenglas*
Ondocht – *Nichtsnut*
norkt – *weint*
Iis – *Eis*
Fazüner – *Gestalten, Original*

# Dat „Fräu–lein“

Use Nobersche heel sek en paar Stongen de Weeke en Putzwief, son ärm Fräuken, wat sin ganz Lewen völl utgehollen on metgemackt hätten, wat keenen Penneng en de Fenger gekreegen hätt.

Nu woar ät oll, dä Kääl, met däm ät verhierodt woar, woar duat, on nu konnten ät sek met putzen en paar Märkskes op de Rente droppacken. Ek glöüw, de Pützersche hetten Frieda.

Et Frieda hatten en onttröglegen Bleck doför, wenn tüschen jömmes en „Fisternölleken“ am Aanfangen woar. Denn keekten ät ganz beestig on seiten: „Ek kenn se alle, de Schliekenfänger on de Schennöster. Mek kann nömmes wat vörmaken. Paß op, doför häff ek keen Verstehstemek!“

Dobie woar ät mem Kopp am Nicken on mette Hangk am Schlenkeren.

Eemol hatten de Nobersche Besök van de doll vörnehme Zoate, on se soß domet em Salong on woar am Vertellen, – nich am Nommedag –, nee am helligen Vörmeddag!

Dat Frieda sollten Löpers kloppen, äwwer ät fong dat „Dengen“ nich. Do mackten ät de Düar vam Salong op on seiten: „Frau göfffße mek eß dän Klöpper tum Wichsen“!

Do hätt sek de Nobersche för dän fienen Besök geschammt, weil dat se domet op huadütsch am Kallen woar.

Äwwer et kom noch schlemmer. Äs dä Besök sek op de Lappen gemackt hatten, sollten dä Salong ok noch draan, on tuletz sollten et Frieda om Schriewdesch vam Nober Stuf weschen. Dodrop stong onger angerem en „Venus“ ohne Klöngeln.

Et Frieda holten Loft on seiten: „Jo – wat es dattan? – Soll ek etwa ok dat ‚Mina' affstuwen?"

On en äm sine Stemm grollten et wie bi de Schennöster on Schliekenfänger.

De Nobersche woar paff on seiten: „Lotense dat nur nich min ‚Gatte' hüaren, dä es sowat am Verähren, dat es nemlech ‚Kons'!"

Dat Frieda meenten ongeröhrt: „Jo, wat seit denn ähr Mann dofór, för dat nackentige Fraumesch? Seit dä etwa ‚Fräu-lein'?"

---

Nobersche – *Nachbarin*
jömmes – *jemand*
Fisternölleken – *Liebelei*
Schennöster – *Scheinheliger*
Schliekenfänger – *hinterlistiger Mensch*
Zoate – *Sorte*

# Eenkoop

Oma on Opa stonn vörm Aldi.

„Wo hässe dinen Zeddel?“ fröscht dä Opa.

„Ochott“, seit de Oma on sökt em Täschken.

Täschendok, Schermken. Ottekolonje, angeren Brell, Utwies, alles do, äwer keen Zeddel, op däm stött, wat se nu kopen wollten.

„Loten vie eß ringoon“, seit dä Opa, „wennße de ganzen Brocken süß, fällt et dek vileits een.“

Se gengen en dän Laden, nohmen sek en Wägelschen, – dat Täschken vüarn draan –, dä Opa goof sek am schiewen, de Oma geng lenks on reits on woar am Rätseln, wat se denn kopen wollten. „Woar et dat?“, froch se, on zeigten op Hongkfoder. „Blödsinn“, seite Opa, „haffen Rööt?“ „Nee“, seite Oma, „ek deiten, dat wöären Plätzkes.“ Nu geng et widder. De Oma sooch Düaskes met Melk on woar sek am freuen: „Kaal, ek glöff, dat woaret.“ „Got“, seiten dä Opa, „nemm wat“, on de Oma stellten en Düasken em Wagen. Wie se an de Hiarenge en Sahne on am Kees vorbie am fahren woaren, kreeg dä Opa Schmeit, on so kom dovon ok wat met. Tuletz komen se am Klopapier vorbie, on de Oma meenten: „Dat woar et, Kaal, dat bruken vie.“ Denn stontse en de lange Rei vör de Kasse. Wie se draankomen, goof sek dä Opa am Betahlen on de Oma am Eenpacken. De Melk, de Kees on de Hiarenge paßten em Täschken, et Klopapier mouten dä Opa ongerm Arm dreegen. „So, nu gonnt vie no Hus’ seiten hä“, on de Oma woar am Nicken. Ongerwägs bleef de Oma op eemol stonn on reep: „Ek weet, wo dä Zeddel es, ek häff en jo selwer dodrin gestoppt!“ On se pock ongerm Klopapierarm em Opa en sine

Täsche, on rechtig, do woar dä Zeddel. „Nu kiek eß noh", drängelten dä Opa. De Oma nohm dän angeren Brell uttem Täschken –, hä log wie emmer ganz ongendronger. Nom Affsetten van dem eenen Brell on Opsetten van däm angeren Brell, goff se sek am Lesen. „Nee sowat", seitense, „vie wollten öwerhoups nich nom Aldi! Stell dek eß vör, hia stött ‚Aptheke', Höhnerogenplooster on Ballerjandröppkes –, hättße dat gedeit?" „Nee", seit dä Opa, „pattu nich!" On hä keek op dat Klopapier onger sinem Arm. „Nu haffe dat", meenten hä, „on Melk on Kees on Hiarenge, loffe tefreeden sinn. Weeßte wat, nu goffe no Hus, on vannommedag lopen vie noch eß vör de Düar, on denn es de Aptheke draan." Hä nohm de Oma am Arm on woar en betschen am hömpelen vanwään dat verflixte Höhnerog!

---

Eenkoop – *Einkauf*
ringonn – *reingehen*
süß – *siehst*
Rööt – *Hund*
Schmeit – *Hunger*
Ballerjan – *Baldrian*
Plooster – *Pflaster*
Hongfoder – *Hundefutter*
Hiarenge – *Heringe*
Höhnerogenplooster – *Hühneraugenpflaster*
Ballerjandröppkes – *Baldriantropfen*
vannommeda – *heute nachmittag*
betschen – *bißchen*

# Onkel Willi

Om Gebortsdag komen de Tante Matta on de Onkel Willi op Besök. Nom Koffedrenken sooßen vie gemötlech tesamm. Em Fernsenn leep „dat“ Spell van de Footballweltmeesterschap. De Tante Matta wollten ät gään senn, de Onkel Willi woar nich so weld drop. Vie drei sooßen ömmen Desch, on de Tanta Matta em Sörger vörm Beldscherm. Om Desch stong en Fläsche Koängtroo, on de Onkel Willi kreeg en Gläsken eengeschütt. „Prost“, seiten hä, „schmackt wie flössige Appelsien!“ Dobie woar hä ganz sialeg am lächelen. Denn dreiten hä sek öm, keek op dat Beldscherm on frogten de ärm Tante Matta: „Wä sind denn die mette witten Boxen?“ „Usere Jonges“, seiten de Tante. „On die mette schwatten Boxen?“, woar de Onkel widder am frogen. „Dat es de angere Mannschap, de Gegners“, kom en betschen ongedoldig van de Tante Matta, „do mek dän Gefallen, on sie en Momang röüig, dat Spell es so opregend! „Got“, seiten dä Onkel Willi on nohm alt wiar en Schlöcksken flössige Appelsien. Et durten nich lang, do woar hä sek am Wongeren: „Kiek do, een Boxenpitter löppt ganz en Schwatt röm, schwatte Boxe, schwatte Hömd, woröm dattan? Hätt hä en Trurfall?“ „Willi, dat es de Scheedsrechter, dä es emmer schwatt aangetrocken, woar de Tante am verkloaren, „nu es et äwwer got!“ „Jo, seker, brukße nich te knötteren, ek sie getz mucksmüskesstell!“ Nu woar wiar de flössige Appelsien draan, on donoh meenten dä Onkel Willi: „So, so, de Scheedsrechter, watte nich seiß! Warraftig, getz döt hä de Piep blosen, nee wat doll, – kiek eß –, eenen van de Jonges kritt sine Fisittenkaate! Lachße dek kapott, dä well se gaanich! Nee, watten Gedöns, Tss, Tss!“ No de nöchste flössige Appelsien goof et em Fernsenn op eemol en gruat Gelöpps, Gedöns on Kriescherei. De Onkel Willi stong op, klätschten begeistert en de Häng on reep: „Doar!“ Au weia, do hötten hä äwwer wat gemackt, nu woar wat loß. „Willi, kasse denn nich senn?“, empörten sek de Tanta Matta, „eene van de schwatten Boxen hätt dat Doar geschooten, du häß dek bim falschen Doar gefreut! „Au, dat döt mek äwwer lied“, woar sek de Onkel Willi am Entscholdigen, „ek konnten de Boxen nich utreen hollen!“ Et hölpten nix, dat mouten met flössige Appelsien rongergespölt wären. Domet, datte ärm Tante Matta nich reenewäg am vertwiewelen woar, versökten vie, dän Onkel Willi afftelenken, on goowen us am Bedelen: „Onkel Willi, dine Rocks- on Boxentäschen senn jo uut wie kleene Ärpelssäcke. Lot eß kieken, watte alles dodren häß! „Jo, seiten hä fröhlech,“ woröm nich?“ Nom Schlöcksken flössige Appelsien woar et denn so wiet. Nee, wat woar dat en Spaß! Om Desch törmten sek en rechtigen Berg: Probierlepelken, Schruwendreier, Hoostenklömken, Täschenmetz, Notizbook, Pottomonee, Stoppentrecker, Secherhetsnaul, Brellenetuwie, angeren Brell, Büroklämmerkes, Fernglaß, Blei, Gumm, Schlöteletuwie, Plooster, Pfeffermönzkes, Stöcksken Zucker, Speegelschen, Gummebang, kleenen Zollstock, Fahrplänschen, Stöck Bengel, Kalenderken, Striekspöön, en Düasken met „ek-weet-nich-wat“, Kääzken, Breeftäsche, Lupe, Schiarken, Schoulepel, Kämmken, Tängsken, Schnapsgläßken, Ottekolonje, Termemeeter, Kompaß.

Ek frogten: „Onkel Willi, hässe denn keen Schnuffdok?“ En Schlöcksken flössige Appelsien, on denn woar hä noch eß en de Täschen am söken. Schleetlech hatten hä ganz deep ongen en de Boxentäsche en Schnuffdok gefongen, on dat kom noch äs Topp op dän Berg. No de Aanstrengong goof et alt wiar flössige Appelsien, on denn kom alles retur en de Täschen.

Äs dä Onkel Willi domet fädig woar, woar dat Footballspell ok fädig. Usere Jonges hatten gewonnen. De Tanta Matta woar glöcklech, dä Onkel Willi ok, on vie twei woaren schachmatt vör Lachen.

Bim vergnögten Owenseeten meenten dä Onkel Willi: „Matta, getz wo de Opregong vorbie es, mottße mek dat mette witten on de schwatten Boxen noch eß verkloaren!" De Tante Matta woar en betschen spassig am Kieken, on do haffe flöck et Thema geweeßelt.

---

Sörger – *Sessel*
Koängtroo – *Cointreau*
Boxen – *Hosen*
Trurfall – *Trauerfall*
knöttern – *brummig sein*
Gelöpps – *Gelaufe*
Gedöns – *Lärm*
utreen – *auseinander*
Ärpelsäcke – *Kartoffelsäcke*
Probierlepelken – *Probierlöffelchen*
Schruwendreier – *Schraubenzieher*
Täschenmetz – *Taschenmesser*
Stoppentrecker – *Korkenzieher*
Secherhetsnaul – *Sicherheitsnadel*
Blei – *Bleistift*
Gumm – *Radiergummi*
Plooster – *Pflaster*
Gummebang – *Gummiband*
Stöck Bengel – *Stück Bindfaden*
Striekspöön – *Streichhölzer*
Düasken – *Döschen*
Kääzken – *Kerzchen*
Schiarken – *kleine Schere*
Schoulepel – *Schuhanzieher*
Tängsken – *kleine Zange*
spaßig – *komisch*

# Sewenschlöper

Vörigen Sommer sprok mek em Omlebus en Fräuken aan. Ek satt newen äm, on op eemol fengt ät aan, öwert Weder te kallen.

„Watttat reent", meenten ät.

„Jo", seiten ek, „es schlemm."

On ät wiar: „Op dat keen Sommer wiat? Wie es dat eegentlech met däm Sewenschlöper on däm Maria – Eendröppken me soll sek sek jo do drop verloten können!"

Ek wollten en Späßken maken on seiten:

„Wennet op Sewenschlöper reent, hannt de Evangelschen sewen Weeken schleit Weder, on wennet op Maria – Eendröppkken nich am Reenen es, hannt de Kathollerschen sewen Wekken schüan Weder."

„Nee, sowat", seiten dat Fräuken, „woar dä Sewenschlöper evangelsch?"

Do wopten ek nix van aff. On denn schriewen on kallen se so völl öwer dat Akumeene odder Ökodengens – odder wie dat hett.

„De Evangelschen on de Kathollerschen lopen schon mönkesmol tosamm en eene Kerke on sind gemescht am Beden, on denn mackt jedereen am Weder röm, äs hä well! Ät konnten ur mem Kopp schöddelen."

Nu kom de Statzijuan, wo ät utstiegen mout, on dobie seiten ät noch för sek: „Dat kasse nich begriepen, – dä Sewenschlöper!"

reenen – *regnen*
Sewenschlöper – *Siebenschläfer* (27.6.)
Maria Eendröppken – *Maria Heimsuchung* (2.7.)
Akumeene – *Ökumene*
Ökodengens – *Ökumene*

# *Wonger duren wat*

Ek kreeg en Breef, ek mack en op,
kiek, on pack mek anen Kopp,
hä es, mott ek am Datum lesen,
twei Weeken ongerwägs gewesen,
ohne Striek on Karneval,
van Wopperdal no Wopperdal!
Nee, deit ek, dat es jo en Dengen,
se donnt de Post doch all' Daags brengen!
Bekeek dän Ömschlag mek eß nöger,
on noh on noh, do woar ek klöger.
De Husnommer verkiart geschreewen,
statt sewenzig stong do nur sewen.
Dreimol Tustellong versökt,
iarscht bim dredden Mol geglöckt!
Bim iarschten Mol noteeten ömmes:
„Dän Empfänger kennt nia nömmes!"
Dä twedde Aanlop ok ömsöß,
wia bim iarschten Mol nur Streß!
Dä brave Mann schreew ongelogen:
„Empfänger unbekannt verzogen!"
Ek hätt so gään eß weten mögen,
van wäm hä denn de Utkonft kreegen.
Bi Nommer sewen wiet on breet,
nix äs Freedhoffseensamkeet.
Die hia wohnen, sind mols stell,
wenn ömmes se wat frogen well.
Jo, töschen Hemmel on de Äät,
göfftet mia, äs me weet!
Son reiten Engel op de Post,

däm hätt dat keene Rou geloßt,
stantepe em Book gelurt,
domet et nich noch länger durt,
schreew sewenzig deck op dat Blatt,
stracks ongerstgreken noch met schwatt.
En „Huach“ op de Post gesongen,
weil, dat se mek doch noch gefongen!
Do bösse plempelenks verblöfft:
„Et göfft nix, wat et nich doch göfft!“

---

Week – *Woche*
Striek – *Streik*
Tustellong – *Zustellung*
dredden – *dritten*
ömmes, nömmes – *jemand, niemand*
gään – *gern*
mols – *meist*
tüschen – *zwischen*
Rou – *Ruhe*

# Wat däm eenen sin Üll, es däm angeren sin Neitegall

„Tante“, seiten dat Patenkengk, ein Weitschen von acht Joarsch, äs vie em Bosch ongerwägs woaren, „ergeswann sie ek so gruat äs du!“

Dat Kengk woar domols temlech en Kopp kleener äs ek, äwwer ek goof de Antwoat: „Jo seker, dat es got mögelech, du böß jo noch medden em Waaßen.“ „Nee“, reep dat Kengk, „so meen ek dat nich – ok wenn ek gaarnich miar völl waaß, sie ek ergeswann so gruat äs du!“ Nu woar ek mek vileits am Wongeren. „Wie dat?“ – frogten ek. Do seiten dat Kengk fröhlech: „Tante, du wiarß jo emmer öller on gehß alt wiar en de Äät, süsse, on ergeswann siffe denn gliek gruat, egal ob ek nu waaß odder nich!“ Ek woar temlech paff on deiten: „Vanwän, so flöck geht dat nich, woll, dat hässe dek äwwer ok nur gedeit!“ Paar Weeken hernocher mouten ek für drei Daag em Krankenhus. Teiarscht wuat me van bowen bes ongen dörchongersökt, on to goterletz wuart me noch op de Waage gestollt, on donoh wuart me ok noch gemessen, vonwän de Längde. Op de Statzijuan hattense sone ganz kleene Lernsöster, sooch ut wie’n Engelken, lauter blonde Löckskes om Kopp, on dä witte Kittel geng äm binoh bes op de Fööte. Vie twei mackten us op dän Wäg en dat Kabäusken. Min Gewecht wuat flöck fastgestollt, alles paletti. Äwwer denn kom dat mette Grötte. Ek wollten dat Sösterken nich kränken, on so woar ek noch am Öwerleien, off ek nu mine Hölpe aandreegen sollten odder nich! Woar alles te speet! Dat Sösterken mackten entschloten en Sprong en de Höchde, woar knapp de Querlatte am Packen on se mek schmacktig om Dääz am Knallen. Fottens woar ek en de Knei am Eenknicken on maschtig paar Zentemeters kleener.

En Tiet donoh woar ek wiar mem Patenkengk ongerwägs on höff dat vam Krankenhus vertellt. Plempelenks woar dat Kengk am Höppen vör Freud on reep: „Juchhei, juchhei, kott gestuckt – erengeduckt! Dat geht jo flöcker, äs ek deiten! Tante, noch dreimol Krankenhus, on denn sie ek akrat so gruat äs du!"

---

Üll – *Eule*
temlech – *ziemlich*
Äät – *Erde*
Dääz – *Kopf*
maschtig – *plötzlich*
plempelenks – *unversehens*
gestuckt – *gestaucht*
geduckt – *getaucht*
flöck – *schnell*
akrat – *genau*

# De fröngkleche Möhre

Längleches Gesecht, knatschruade Bäckskes, witte Hoar, Brell op de lange, ruade Nas on emmer fröngklech! Nu weet me alt, drömswän ät dösen Spetznomen hatten, dat olle Frollein en däm kleenen Schriewwaarlädchen en Wichelkusen.

Leider woar ät stockdoof, on genau dat wollten ät nich ensenn. So kom et metonger tum Mißverstonn.

Äm sine Söster dogegen hüarten de Flöhe am Hoosten, woar äwwer emmer mucksig! Denn goof et noch dän Neffe, dä ärme Jong hatten et temlech schwoar. De drei weeßelten sek am Lädschen mette Bedeenong aff.

Eenes Dags wollten ek en Trurkaate kopen. De fröngkleche Möhre hatten Schecht. So seiten ek hatt on langksam: „Eine Kon–do–lenz–kar–te bitte!“ Dat Frollein goof sek fröngklech am Nicken, se hatten minen Wonsch vanne Leppen affgelesen. „To–i–lett–pa–pier“ seitense met Verstehstemek, „wie völl därf et sinn?“ Mek feel pattu dat Woat „Beiladskarte“ nich een, on so seiten ek noch eß on woar mek dobie de Mul am Verrenken: „Kon–do–lenz–kar–te!“ Tiglicks wees ek op de Gebortsdagskäätsches em Ständer. Nu kom dat ärme Frollein total uttem Fassong. „Wattan, sowat äs To–i–lett–pa–pier? Nu haffe alt drei Zoaten en Rollen, rosa, grön on witt, wat göfftat denn noch? Soll do etwa „häazlegen Glöckwonsch“ dropstonn?

Nee, nee, nich met mek, vie sind ein aanständigen Laden!“

Äs ek vertwiewelt dän Röckzoch anntreden wollten, kom dä Neffe äs Retter en de Nuat, on so kreeg ek dennoch de Trurkaate.

„Dat konntense doch derektmang seien, datse en Beileidskaate hann wollten“, reep de fröngkleche Möhre glöcklech, „woröm denn dat ganze Gedöns mem Klopapier on mette Gebortsdagskaate?“

Met Koppschöddeln geng se aff no hengen.

---

Schriewwaarläd-chen – *Schreibwarenladen*
stockdoof – *stocktaub*
Truurkarte – *Trauerkarte*
Verstehstemek – *Verständnis*
noch eß – *noch einmal*
Tiglicks – *zugleich*

# Met allem Dröm on Draan för'n godden Zweck

„Nicht gerne nimmt der Handelsmann statt barer Münze Knöpfe an!", seiten use Dokter ene Bökkerei mols, wenn äm abslu'tt wat nich en dän Krom paßten, on hö ontefreeden woar. Fottens beheel ek för alle Fälle dän Knopp em Hengerkopp. Mär en döse Geschechte sollten et sek vüarnehmlich öm de bare Mönze hangeln, on dat för'n godden Zweck!

Usem Dokter sine Söster, en vüarnehme, witthoarige Dame, angkaschierten sek gään för en Nuat gerodene Lütt. Se heel Vördreeg öwer Literatur, loos Vertellsches, Müarkes on Gedechte van de gruaten Dechters vüar, on woar äs Enkelin vam Emmil Rittershaus, ok selwer am Dechten. Wat se domet am Verdeenen woar, dennten binoh utschleetlech däm godden Zweck. Ensgeheem wuart se allersits de „lewe Tante Anni" genannt. En de Filla, bowen om Sadowaberg, wo use Dokter on sine Söster met Famillege wonnten, fong domols eemol em Monat bim Dokter en Huskonzert statt, wobie ek manigesmol metgemackt häff. Eenes Dags frogten mek de lewe Tante Anni, op ek en ährem Salong bi en „Wohltätigkeitsveranstaltung" metmaken möüuten. De Tante Anni konnten ek arg got lieden, on häff fottens tugeseit. De Pianistin Meta H. ut Bonn woar äs Fröngkdin vane Tante Anni met vane Patie. Use Dokter stollten dat Programm tesamm: Dechtong on Gesang met Klavier. Aan de viarzig Fröngkde on Bekannte mem dicken Pottmanee (ganz wechtig!) wuaren engeladen on öm „großzügige Spende" gebedden. En gruate Sammelbösse mem Henkel, vane Heilsarmee för'n paar Daag öwerloten, stong om Flögel parat, kleen betschen hengerm Blomenplosch, domet, datte lenke Hangk nich sooch, wat de reite dätt, wie use Deoker sek biblisch utdröckten.

Gruate Ereignisse schmieten ähren Schatten vöruut, dat hett, et Programm mouten probiert wären. So fuhren de lewe Tante Anni on ek eenes Dags van Elwerfeld no Köln, öm us mette Pianistin Meta H., die ut Bonn kom, te treffen. En Elwerfeld om Bahnhof sooch ek maschtig wat langes Rosanes ongerm Mankel vane Tante Anni vörkieken.

Paar domme Jonges mackten drömswegen alt ähre Späßkes. Do nohm ek allen Mot tesamm, on verkloarten de lewe Tante Anni, wat Sake woar. „Teufel auch!" reep de ganz erschrocken, on keek bedröppelt aan sek eronger, „das Nachthemd! – Es paßte nicht mehr in meine Tasche, da habe ich es einfach angezogen und mit einem Gummiband gerafft. Ich bleibe doch über Nacht!"

Wie et utsooch, hatten dat Gummebangk ergeswie sine Opgaaw nich metgekreegen, so bleew us bloß dä iilige Gang op de Toilette, die et domols – Gott sie Dank – noch em Bahnhoff goof. Flöck wuat dat Rosane huagekrempelt, on denn woaren vie ongerwägs no Köln. Ene Filla en Lindenthal fong de Probe statt. De Husbesetter woaren för paar Daag en Urlaub, on de lewe Tante Anni op et Hus am Oppassen. Utter, dat me ane Husdüar bim An'tree Lurmuffen aantrecken mouten, öm et Pakett te polieren, verleep de Probe temlich got, on denn freuten vie us alle op dän gruaten Dag eene Weeke speter. Trotzdäm, dat Lampenfewer mek am Piesacken woar, konnten ek et mek nich verkniepen, en ollen, affgewetzten Mangelknopp em onbewachten Ogenbleck ene Sammelbösse te schmieten. Denn feel mek noch op, dat use Dokter de schüanen Blomen om Flögel ganz van noh bewongerten, wat vam „Duft" seiten on, dat Geld nich am Stenken es.

Denn woaret endlech so wiet. De lewe Tante Anni fong de rechtigen Wöät, bedankten sek bi alle Fröngkde för't Kommen, wees eendrenglich hen op dän godden Zweck on, ganz wechtig, op de Sammelbösse hengerm Blomenplosch om Flögel.

Nu nohm dat Programm sinen Loop, alle haffe use Bestes gegewen. Am Eng woar dat Publikom ontlich am Klatschen, on denn geng jedereen mem Pottmanee hengerm Flögel her on leet de bare Mönze ene Bösse fallen. Et woar werklich en schüanen Owend.

Om nöchsten Dag höff ek de lewe Tante Anni aangeropen on schienheilig gefrogt, ob se alt dat Geld utte Bösse getählt hatten. Dat Sömmken konnten sek senn loten, äwer denn seiten de lewe Tante Anni trurig: „Nun kenne ich doch alle Gäste persönlich recht gut, und doch waren zwei schwarze Schafe darunter, die wohl anstelle von Geld Knöpfe gespendet haben, und zwar einen Mangel- und einen Hosenknopf.

„Ich überlege schon stundenlang, wer das gewesen sein könnte!" „Nee, sowat!" reep ek, mouten denn äwwer so lachen on häff fottens dän Mangelknopp tugegewen. „Gott sei Dank", kom uttem Telefong. Mär wä woar dat angere schwatte Schoop met däm Boxenknopp? Ek hatten gliek en ontröglege Ahnong on frogten bloß, wat denn ähr Broder vane Knöppe anstelle vane bare Mönze am Hollen wöär. En Momang bleef et stell, denn hüarten ek: „Teufel auch, dass ich da nicht eher draufgekommen bin ... Vorhin hat er mir noch seine Hilfe bei der Aufklärung angeboten. So ein Filou, na warte! – Aber ich bin ja so erleichtert."

So woar em Eng alles got, jedereen kreeg wat eruut odder teröü. De ärmen Lütt dat schüane Sömmken, de Heilsarmee ähre Bösse mem Henkel, dat Publikom dän Konsgenoot on et leitere Pottmanee, de lewe Tante Anni, de Pianistin Meta H. on ek de Gons vam Publikom. Dä Dokter on ek de Malefizknöppe, on te goterletz de lewe Tante Anni dän Glouben anet Godde em Menschen.

---

Blumenplosch – *Blumenstrauß*
maschtig – *plötzlich*
utter – *außer*
Lurmuffen – *Filzpantoffeln*

# „Öwer de Wopper“ es ok nich ohne

Öm et gliek te seien, nich te verglieken met „öwer de Wolken“, mär emmerhen.

En döse Geschechte geht et ok weniger öm Freiheit, äs völl miar öm kloare Erkenntnis. En minem langen Lewen sie ek seker hongerte, wennich dusende Mole mette Schwewebahn gefahren, mär op eene Fahrt vam Döppersberg nom Zoo on teröü ene seßtiger Joarsch, es mek dat so rechtig klar gewoaren. Op de Stroote odder em Omlebus kasse sowat kum metkreegen. Sowat bruckt ewen de Schwewe on dronger dat Water.

Domols woar ek metonger „Tante“ em Kengerheem. Eenes Dags mackten drüttehn Kenger, twei Frolleins on ek en Utflog nom Zoo. Ene Schwewe soot dä Uwe, en Jüngken van vileits acht Joarsch newen mek. Äs vie en Stöcksken am Fahren woaren, tuppten hä mek aan on seiten: „Du, Tante vanmoan woar ek bim Aatschaan!“ Dä Uwe hatten en Tangkspang on sprok met völl „tsch“. „Wat schüan“, meenten ek, „gehße met däm tesamen en eene Klasse?“ „Nee“, reep dat Kengk on fuchtelten mette Häng: „Ek woar bim Aatschaan!“ „Ek kenn äm nich“ seiten ek ratlos“, eset din Fröngk, odder din Liarer?“ „Nee“, krieschten dä Jong, on denn bröllten hä dän „Aatschaan“ so en min linkes Uar, dattat Trommelfell am Wackeln woar. Mär ok dat hölpten nix. Bi allem vertwiewelten Nohdenken konnten ek keenen „Aatschaan“ en minem Gehianskasten fengen. Wat nu? – Dat Kengk soot mettens stell do on keek met wiet opgereetene Ogen op et Water. Ek mackten mek alt Sorgen, dat ek et nu ganz met äm verdorwen hätt. Do, tüschen Varresbeck on Zoo, keek mek dä Uwe op eemol ganz glöcklech aan, hauten sek met eene Hangk vörn Kopp on reep: „Verdonnstöck, Tante, ek woar bim T s c h a a n a a z!“

Denn siffe alle fröhlech utgestiegen on met ‚Mein Vater war ein Wandersmann‘ tum Zoo marschiert. Nohdäm, dat vie alle Apen, Papageien on alle angeren Diersch „goden Dag“ geseit hatten, mouten vie us ene Waldschänke iarscht mol erholen bi Marmorkoken on Lemenad. Te goterletz wuart ok noch de Rötsche om Speelplatz utprobiert. Mettens woar et Tiet, dän Wäg no Hus aantetreden. Em Büdschen vörm Zoo kreeg jedes Kengk noch en Wengkrädschen, on met ‚Das Wandern ist des Müllers Lust‘ geng et flöck no de Hollestell. Dösmol woaren ene Bahn alle Plätze besatt, on so stongen vie all newenenanger, on woaren us ane lange Stang am Fasthollen. Newen mek stong et Edeltraud, en Weitschen van tehn Joarsch. Op eemol feng dat laut am Hülen aan, on wie op Kommando hüllten alle angeren Kenger met. De Frolleins on ek woaren ganz perplex on dieten, de Kenger wöär et schleit gewoaren. Do reep dat Edeltraud onger Tränen: „Vie sind alle kleene Heidenkenger. Wenn vie nu sterwen, kommen vie alle nich em Hemmel! Vie sind nemlich öwerhoups nich gedöpt!“ Wiar Gehüls vane Kenger on Gelächs vane Erwaaßenen op de Plätze.

„Jemineh, wat trurig“, deiten ek on versprok huach on heilig, fottens mem Paschtuar on mem „Amt“ te spreken. On wat soll ek seien, oh Wonger, alles geng kloar. De Kenger hüarten mem Hülen op, am Döppersberg woaren se alle fröhlech, on, ganz wechtig!, paar Daag speter keene Heidenkenger miar.

So, nu seien se mol iarlech, „Öwer de Wopper“, dat hätt wat, woll?

völl miar – *vielmehr*
drüttehn – *dreizehn*
van moan – *heute morgen*
mettens – inzwischen
Tschaanaaz – *Zahnarzt*

Verdonnstöck – *Irrtum*
Wengkrädchen – *Wind-rädchen*
gedöpt – *getauft*

# Lachen es gesongk

Ontählige Mole häff ek dat gehüart odder gelesen, on emmer woar ek hongertperzentig domet enverstangen. Mär nu stong doch nöülich son Aatikel met döse Öwerschreft em Apthekenschenal. Ganz prezis wuart do alles, woför dat Lachen so gesongk wöär, opgetählt: för't Zwerchfell, för de Muskeln, för'n Kriesloop, för Hääz on Gemöt, Magen, Lewer, Nierkes, on, on, on.

Kott on got, dä ganze Mensch dätt profetieren van däm Gelächs. Bloß, wie dat vandaag so es, kum hüarße wat van Aaz odder Aptheke, krisse Twiewel on denkß fottens am Risiko on aan de Newenwerkongen. On prommt fengße dat Hoar en de Supp! Matschtig feelen mek en paar Erlewnisse van fröher een, wo dat Gelächs miar ongesongk woar.

En de Volksschual em Fescherdal, em twedden Schualjoahr, lachten et Wällerken vüarn en de iarschte Bank sek kapott, drömsweil däm Hör Liarer, dä sowat van Reschpektsperson woar, bim Hoosten en Hoostenklömken uttem Mongk flog on op de Wangktafel hängen bleew.

„Watsch“ hatten et Wällerken en Klatsch aan de Backe on goof sek am Hülen. Süsse, do haffet alt! – On en paar Joarsch speter, om St. Anna-Lyzeum sie ek tweimol vanwägen „Lachen bei unpassender Gelegenheit“ enet Klassenbok geflogen.

De Mama on em Papa dat te Hus te verkloaren, woar ok nich gerade doll gesongk! – Dat iarschte Mol woar, äs de Söster Isabella em Musikongerricht ähren schwatten Ongerrock verloaren hätt. Do siffe samt on songersch em Book gelandet, drömsweil dat alberne Gelächs överhoups nich miar ophüaren wollten. Bim twedden Mol hatten ek mek en dicken Eenzelendreeg eengehangelt. Jo, wat woar passeht? – Dat fromme Klara mouten dän „Erlkönig“ utwendig vüardreegen, döse deeptrurige Geschechte van däm Vader met sinem Kengk. Dat woar warraftig nich löstig. Mär henger mek et Trude fispelten am Eng van gedem Vääschken: „em Hömd!“ „Wer reitet so spät durch Nacht und Wind?“ (em Hömd!) On dat wuart met gedem Vääsch schlemmer. Alleen de Vüarstellong, van all döse Hömdenmätzkes werkten verhiarend op mine Lachmuskeln, on ek konnten abslut nix dogegen donn.

De Söster Gabriele woar rechtig opgebreit, mär die woßten jo ok nix van däm Hömd, drömsweil sek dat Trude stiekes heel.

Em Sommer 1938 dorften ek de gruaten Ferien bi de Tante Paula on ähe twei Sösters en Beverungen an de Weser verlewen. Mem Nobersweitschen, däm Elli, dat ongefähr en minem Oller woar, hatten ek mek fottens aangeföngkdet. Eenes Dags meenten de Tante Paula, vie sollten onbedengt eß öwern Berg no Herstelle wandern, on et nommedags en de Klosterkerke de Aandacht besöken, drömsweil denn de „Rosa Schwestern von Herstelle“ ganz wongervoll sengen dätten, so schüan, wie de Engel em Hemmel“, seiten de Tante. Wenn dat nich en herrligen Vörschlag woar!

Ek woar jo selfs so gään am Sengen, on hüarten am Lefsten dän ganzen Dag Musik. Gliek om nöchsten Dag haffe us op dän Wäg no Herstelle gemackt. Et Nommedags haffe us en de Kapelle op en Bank gesatt. De Kapelle woar dörgen Gitter on Vüarhäng van de eegentlische Klosterkerke affgetrennt, drömsweil de „Rosa Schwestern“, die ganz van de Welt affgescheeden lewten, nömmes senn dorften. No on no komen noch miar Lütt en de Kapelle, on endlech feng de Orgel am Spellen aan, donoh de Sösters met ährem Gesangk.

Ek kreeg en rechtigen Schock onger „Engelgesang" hatten ek mek total wat angersch vörgestollt. Tumindest eene Stemm woar so hatt, dörchdrengend on fies, dat et en de Uaren wiah dätt. En Barmen seiten me doför: „Die hätt en Stemm wie'n kapotten Komp!" Ek keek dat Elli aan, dat keek mek aan, on denn woar nix miar te retten. De Tränen leepen on de ganze Bank woar am Wackelen. Vie konnten mem Lachen nich ophüaren. Schleetlech seiten en ölleren Mann, et wöar woll besser, de Kapelle te verloten. Dat haffe denn ok fottens gedonn. Te Hus aangekommen, frogten de Tante: „Woar et schüan?" Do mouten vie wiar wie doll Lachen. „Alberne Blagen", seiten de Tante streng on schöddelten mem Kopp. Ergeswann hätt se denn van usem onwördigen Gelächs en de Kapelle gehüart on geschängt. Derekt gesongk woar dat ok nich.

En de schlemme Hongertiet nom twedden Weltkreeg dreiten sek binhoh alles öm et däglege Bruat, vör allem, wie me draan kom. Äwer grad de jongen Lütt hatten ok en gruat Verlagen no Musik, Kons on Literatur.

En Wopperdal log domols alles en Trömmer. Ergeswann sökten dä „Elberfelder Gesangsverein" nöüe Metgleeder. Et Margret, en Weitschen utte Nohbarschap on ek sind fottens mette Elektrische no Elwerfeld gefahren on hannt us enschriewen loten. No de Probe fuhren vie denn mette Linige 1 van de Hollestell „Alexanderbrücke" wiar teröü no Barmen. Äs vie eemol do am Wopperufer stongen on op de Bahn am Waaren woaren, möd vam Sengen, on ärg schmeiterig, kom op de angere Strootensit en Zoldat va de engelsche Besatzung der Langes. Prezis geseit, dä Mann woar Schotte, en „Highlander Uniform“, soll hatten: em Kilt met allem Dröm on Draan, de Mötsche nich tu vergeten. Dän Obram hatten hä doudseker alt gesenn, woar riek dekoriert, bestemmt eenen van de Vörgesatten. Kleen van Statur, huach wie breet, enorm öwergewechtig, marschierten hä dapper vöraan. Bi gedem Schrett woar dä ömfangrieke Faulenrock am Wippen öwer de miar äs trammen Wadbroden. Onsialegerwies keek dat Margret, dat noch en ärgere Lachduf äs ek woar, pätsgenau en döse Rechtong. Ät gereet maschtig total uttem Fassong on kreeg so wat vanem Lachkramp. Ek versökten noch, selfs vam Lachen geschöddelt, ät no de Woppersitte dreien, woar äwwer te spet. Dä Schotte kom mem ruaden Kopp stracks röwergelopen, woar för Wot am Schüümen, on denn goof et en Donnerweder. Hä bröllten op Englesch, vie wöären twei Hexen, pfui Deibel, on vie sollten bloß oppassen, söß dätt wat passieren. En dösem Momang kom de Elektrische äs rettenden Engel. Mär de nöchsten Mole siffe no de Chorprobe vörsechtshalwer van de „Alte Freiheit“ ut teröü no Barmen gefahren.

Mettens höff ek gelernt, mek dat onpassende Geläсhs te verkniepen. Mär ek sie mek öwer gede Gelegenheit am Freuen, wo ek so reit van Hääzen Lachen kann on darf!

Et döt werklech got, on hengerher nömmt me alles en betschen „Lescherer“. Soll hetten: Apthekenschenal hen odder her, et blifft dobie, wenn ok met Striepen: „Lachen es gesongk!“

Apthekenschenal – *Apothekenjournal*
machtig – *plötzlich*
Vääschken – *Verschen*
opgebreit – *aufgebracht*
Komp – *Schüssel*
schmeiterig – *hungrig*
Obram – *Abraham*
dän Obram gesenn – *er ist über 50 Jahre alt*
Faulenrock – *Faltenrock*
Wadbroden – *Wade*
onsialegerwies – *unseligerweise*

# Bösset odder bösset nich?

Äs mek nöülich aan de Omlebushollestell ömmes van hengen op de Scholler tuppten, on ek mek verschrocken ömdreiten, seiten en akrat so verschrockenen Mann: „Oh, entschuldigen Sie bitte, ich habe Sie verwechselt!" – On wie dat em Oller so es, fottens leep em Giest dat Lewen aan mek vörbie, on ek deiten: „Warraftig, dat es dek doch alt paarmol passeht."

Et feng domet aan, äs ek noch en kleen Blag woar. Nommedags woar ek miarschtendeels bi de Oma, drömsweil de Mama mem domols klitzekleenen Örselken genocht de donn hatten.

Eemol en de Weeke kom nom Denst dä Onkel Max bi de Oma, – äm sine Mama –, te Besök. Denn kreeg hä Böttersch met sine Leftlingswuascht, on de Oma stollten äm en Fläschken Bier enen Backowen, domet dat väm sinen Magen et besser verdreegen konnt. Eemol woar dat Bier wollte wärm gewoaren. Gedenfalls, äs dä Onkel dat Fläschken mem Ruck open mackten, schoot äm dä Schuum mettenmang enet Gesecht, on de Böttersch kreegen ok noch wat aff. Dat werkten op mek so komisch, dat ek mek kapott lachten. Dä söß so lewe Onkel Max wuat fuchtig on seiten, ek wöär duodseker als domols en de Klinik verweeßelt woaren, drömsweil et bes „dato" so wat wie mek nich en de Famillege gegewen hätt. Iar, dat ek am Hülen aanfeng seten de Oma, dattat Quatsch wöär, drömsweil dä Onkel Max äs Kengk akrat so gewesen wöär. Speter en de Schual verweeßelten mek de Jonges met en Brellenschlange.

Öwerhoups spellten domols Verweeßelongen met Diersch en gruate Rolle. Et Örselken woar mettens ok so vernömftig, dat vie us bi Zoff gegensittig met Apen, Esel on Konzoaten am Verweeßelen woaren, wat sek dörchut nich emmer vüarnehm aanhüarten. Ok de Mama on de Papa hatten metonger onger Verweeßelongen te lieden, de Mama mem Dommen, dä nix merkt, on de Papa mem Goldesel.

Gedes Joar vör Chreßdag kom ut Köllen en Paket van de lewe Tante Emma on vam Onkel Alex. Gedesmol haffet völl Erwartong utgepäckt, on gedesmol komen Äppel, Biaren on Banane tum vörschien.

Alles ut Marzipan! On akrat so woar gedesmol de Enttöüschong gruat. „Tengelman on Most", seiten de Papa, dä sek en Köllen emmer noch got utkannten. „De lewe Tante verweeßelt öngk ewen met ganz normale Kenger!" Prommt geng use Mama huach wie en Rakete on reep: „Wat soll dattan hetten?" Drop use Papa: „Ek häff doch blos gemennt, datte miarschten Kenger gään Marzipan eeten." Mama on Papa woaren nu tefreeden, blos de verweeßelten Kenger hätten dusendmol lewer suure Gorken on Wüaschkes gehatt, statt Marzipan. So stong dat Obs em Kömken om Desch em Kengerzemmer, wuat bes Uastern knokenhatt, öm denn schleetlech Platz te maken för dat „Uastersortimang", van Tengelmann on Most.
Met 10 Joarsch geng ek op de St. Anna Schual. Em Sommer mackten use Klasse en Utflog nom „Gütchen" en Oberelfringhausen, wo ok Nönnekes en de Landwiatschap werkten. Dat Fräulein Reichert, de Söster Gabriele on de Kengergarensöster Protasia paßten op us 35 Kenger op. Dän Namen „Protasia" konnten sek keen Mensch merken. Drömsweil de Söster so kleen van Gestolt woar on gään mette Kengergarenkenger om Schualhoff „Häsken

ene Grube“ spellten, wuat se kotterhangk „Potthäsken“ genannt. Meddags sooten vie op de gröne Wies on packten use Rucksäckskes ut. Ut minem kom en Glaß met Ärpelschloot, en Brötschen mem Ii, en Appel on de Feldfläsche met Himbertenwater. En däm Momang kom dat Potthäsken on satten sek maschtig newen mek. Ek woar ganz verwongert on keek ähr iarförchtig aan. Se seiten: „Kind, nun habe ich dich endlich gefunden, sag, wie geht es deiner Tante?“ En minem Kopp spellten de Gedanken Karressell. „Öm Hemmels wellen, welche Tante?“ Ek hatten keene Ahnong! Kom eentlech bloß de Tante Lotte en Frage. Die kannten Gott on alle Welt on besökten ok metonger Nönnekes em Kluaster. So seiten ek dapper: „Es geht ihr gut!“„Dann bestell ihr viele Grüße, und sie möchte sich doch wieder einmal blicken lassen.“

Ek versprock et, et Potthäsken geng wäg, on de angeren Kenger keeken en betschen neidisch. Mär kum hatten ek aangefangen, mek öm dän Ärpelschloot te kömmeren, stong dat Potthäsken alt wiar do on seiten streng: „Du bist das falsche Kind, warum sagst du das nicht?

Das richtige Kind habe ich nun gefunden, es die Trude Zimbein. Und deiner Tante brauchst Du auch keine Grüße zu bestellen.“

So ne Blamasch! De angeren Kenger woaren nu am Grienen, on ek häff mek geschammt. Däm Trude geng et ok nich völl besser. Twoarens hatten ät de rechtige Tante, äwwer ät heet pattu nich Zimbein, songern Czempas, on mouten nu en ganze Tiet dän Spetznamen erdreegen.

Völle Joarsch speter hannt se mek em Krankenhus 2x binoh verweeßelt. Em 1. Fall konnten sek donnoch dä Blinddarm gegen dän Kaiserschnitt dörschsetten dörgen opmerksamen Dokter. Em 2. Fall hätt em letzten Momang de lewe

Söster Käthe de onnötze Narkose verhengert. De twei jongen Dokters ut Kroatien hatten mek alt faste em Greff, on mek bleef vör Schreck de Sproke wäg. Do dreiten sek de Söster öm on reep: „Halt! Verwechslung! – Narkose nebenan! Raus!" De twei leeten mek fottens loß, bekrützigten sek on woaren am Stotteren: „Jesses, Marria on Jossef! – Am meisten Jossef!" Donoh woaren se hui aff dörch de Düar.

Ergeswann häff ek denn dän Spieß römgedreit, on alle möglegen Lütt verweeßelt vanwägen bisechtig. Es ok nich ärg löstig. Schleetlech häff ek mek ok noch selwer verweeßelt met ömmes, dä ongestroft alles eeten kann on keen Gramm tunemmt. „Hoostekoken!" De Quinquessenz: Verweeßelongen tugen on nötzen reenewäg gaanix! Mär denn de spete Öwerraschong vanwägen „et Beste kömmt tuletz."
2005, om 80. Gebortsdag kom dä Här Paschtur, öm te grateleeren. Hä woar iarscht kotte Tiet em Amt on kannten mek nonnich. No de Begrötong wollten hä nu gään de „Jubilarin" spreken. Äs ek seiten, dat ek et jo selwer wöär, scheen hä öwerrascht on mennten, hä hätten mek för de Dauter gehollen. Können se sek vüarstellen, wat dä Här Paschtur sitdäm för'n Steen em Brett bi mek hätt?

Selfs dä olle Neidhammel, dä dän Här Paschtur fottens nom Fielmann schecken wollten för'n nöüen Brell, selfs dä lött mek iiskolt. Ek meen: „Eng got, alles got", on dat onverweeßelbar!

---

Iar – *bevor*
Konzoaten – *Konsorten*
öngk – *euch*

dapper – *tapfer*
Mär kum – *Aber kaum*
bisechtig – *kurzsichtig*

# Nomen est Omen
# odder: Wie et hett, so es et ok

An de Hollestell Bruch vam Omlebus stong en ollen Mann, fien aangetrocken, (mem Hot om Kopp, hell Mänkelken aan, bletzeblanke Schou), an de Hangk en Blos met wat dren.

Äs hä em Omlebus am enstiggen woar, goof et en Rumms! Hä woar mette Blos anne Träppleng gehauen. Dä olle Mann satten sek gliek vüarn op de Bank, on stollten de Blos newen sek ongen op de Äät. Nu geng et loß, öm et Eck, Stackenbergstroote –, alles en Ornong.

Äwwer äs dä Omlebus am Schwemmbad holl, krieschten em Hengergrongk paar Fraulütt: „Ochott, wat en Schwienerei! Kieß es, alles eene ruate Matsche, wo kömmt dattan her? Dat stenkt no Ruadewien! Do, do bi däm Opa löpptet utte Plastikblos! Opa, du versauß jo alles, du mottß utstiggen, hölpt nix!" Tuiarscht stollten sek dä Opa stockdoof, äwwer de Wiewer goowen nich op. Schleetlech nohm hä de dröppelnde Blos, heel se wiet van sek aff, on stellten sek an de Düar. Dä Omlebus mackten noch en Ruck on so kreeg dä Fahrer em Kabäusken ok noch en Ruadewiengesprenkels aff. Nu äwwer dalli! Druuten bleef de Opa iarscht mol stonn. En Frau, die ok uttem Bus kom seiten metliedig: „Nee, wat hanntße för'n Pech gehatt!" „Jo", seiten dä olle Mann, „ek hätt et jo weten mötten!" „Bruch", de Fläsche geng kapott, „Schwemmbad" de Schwienerei löppt dörgen Omlebus – on wo siffe hia?" „Kleinbracken", seiten de Frau. Dä Opa keek en de Blos on meenten: „Süsse, do haffet, „Kleinbracken!", mia es hia ok nich mia dren! „Denn sooch hä en Mülltonn on schmeet dat Gedöns met

Scherwelen paaftig dren. Do feng en Rööt wödig te bellen aan. „Böß stell“, seiten dä Opa, „ek häff de Nas voll!“ Wat häff ek van Bruch bes Kleenbracken metgemeit, – verdeck on verdori –, on nu mott ek ok noch dän ganzen Berg roplopen. Warraftig, kömmße dek jo vör, wie de Dösnackel vam Dasnöckel.

---

Blos – *Tüte*
Träppleng – *Stufe*
Ruadewien – *Rotwein*
stockdoof – *stocktaub*
Kabäusken – *Verschlag, enger Raum*
Scherwelen – *Scherben*
Rööt – *Hund*

# So'n Dier es ok nur'n Mensch

# Drum!

Mann erklimmt' ne hohe Leiter,
immer höher, und so weiter,
plötzlich bleibt er steh'n und stutzt,
Leitersprossen sind beschmutzt.
Mann empört, sieht rot und brüllt,
dass es die Umgebung füllt:
„Ach, da kratzt mich doch ein Läuschen,
dies hier ist ein Vogelhäuschen,
sucht gefälligst euer Klo,
beim Nachbarn oder anderswo!"
Die Amsel auf des Daches Höh
kriegt Folge dessen Diarrhöe,
kleckst pätsgenau auf Mannes Haupt,
was diesem alle Fassung raubt.
Klecks entschärft per Taschentücher!
„Haut doch ab, ihr fiesen Viecher,
wartet nur, ich wird euch kriegen!"
Wär er mal lieber abgestiegen.
Derweilen unterwärts ein Specht,
sich betätigt denkbar schlecht,
haut, wie mit dem Hackebeil
großes Loch in Leiterteil.

Leiter macht ganz plötzlich „knacks"
und es fällt der Mann, der Max,
unsanft von der lichten Höh
auf das Pflaster, welches zäh.
Hax und Rippen stark lädiert,
und man sieht, wohin es führt,
wenn man in die Höhe hangelt,
obwohl es an Erkenntnis mangelt!
„Meckere nie vom hohen Mast,
wenn du keine Flügel hast!"

# Verhiarodt

Dä Vogelchor em Ährenhain
fröhmoans döt verklengen,
Amselpapa kömmt no Hus,
es emmer noch am Sengen.

„Tirili" – On römgeplanscht
em Water met Vergnögen!
„Tirila" – Denn mott hä flöck
wat en dän Magen kreegen.

De Mama hätt dat Nest gepotzt,
dän Onrat ruutgeschmeeten,
de Kengerkes sind als versorgt,
nu kann se selfs wat eeten.

Ongerm Berkenboom em Graß
me süht sek kott. On paff,
bevör de Mama mäckeren kann,
sett sek dä Papa aff!

Nu mott hä schlopen, on donoh
schallt huach vam Dak de Stemm!
Dat Fräuken muckst on seit för sek:
„Dä Kääl hätt keen Benemm!"

Ät tuckert röm, van Tiet te Tiet
es ät ok fies am Schängen,
kranatengeftig, weil dä Kääl
alt wiar es am Sengen.

„Komm ronger van däm huachen Dak
on söök wat för de Blagen,
se piepsen mek ganz kuusen-doll
vanwägen Schmeit em Magen."

Dä Amselpavarotti es
för'n Momang verdattert,
on kömmt, weil äm de Öllsche röpt,
kawupptisch aangeflattert.

Hä stökert, gräft wia'n Donnerkiel
onger Struuk on Blatt,
warraftig –, on em Ogenbleck
sind alle Kenger satt.

Tefreeden nu de Mama nömmt
op de Kleenen Platz:
„Wenn hä ok mols en Stiesel es,
es hä doch ok en Schatz!"

Mem Happen noch för ongerwägs
döt „hä" om Dak sek schwengen.
„Tirili!" Moan fröh mott hä
dat gruate Solo sengen!

---

Ährenhain – *Ehrenhain*
me sükt sek kott – *man sieht sich kurz*
Dak – *Dach*

# Kasperken

„Wat för'n Tufall", deiten de Här Schumann, äs hä de Annongse ene Zeitong loos. Do stong: „Junger Rauhhaardackel umständehalber zu verkaufen". No längerem Överleien hatten sek de Hä Schumann entschloten, en Höngken aanteschapen, domet dat hä nich miar so alleen wöär. Sine Frau, et Leni, woar vör eenem Joar gestorwen, Kenger woaren keene do, on ok söß keene Verwangkschap. Dat hett, do woar noch eene Cousine vam Leni, et Mathilde. Gedesmol, wenn dat op Besök woar, goof et Knies, drömsweil dat Mathilde son Striethammel on öm geden Dreck mucksig woar. Tuletz hatten ät op de Beerdigong son Thiater gemackt, datte freedlege Här Schumann ät nie nich miar wia senn wollten. Gott sie Dank wonnten ät nich am Oat.

Fottens reep de Här Schumann bi de Höngkesbesetter an, on om nöchsten Dag fuhr hä dohen. De Düar geng op, dat Höngken kom aangelopen, trock maschtig sine Schoubengel op, mackten *fiep, fiep,* wackelten mem Stät, on keek dän Här Schumann tröühäazig aan. Dä nohm dän kleenen Kääl om Arm on seiten: „Du böß mek jo en Kasperken!" Prommt hatten dat Höngken en nöüen Namen, de Här Schumann en nöen Fröngk, on alles war paletti.

Äs de twei te Hus aankomen, stook dat Kasperken iarscht mol sine kleene Nas en geden Wenkel, en de Wohnong on em Laden. Denn woar dat Gassigehen draan, Foder för kleene Höng, Water, Leckerli on schleetlech woaren Här on Hongk möd tum Ömfallen.

Et Kasperken geng brav enet Körfken, kreg en Deckskken öwer, on denn leiten sek de Här Schumann newendraan en sin Bett. Mär äs et Lecht utgeng, feng et Kasperken am Hülen aan. Flöck wiar Lecht! De Här Schumann leet sinen Arm rongerhängen, bes dat sine Hangk et Kasperken strieken konnten. Dat scheen te hölpen, et Kasperken schleep een. Vörsechtig trock de Hä Schumann sinen Arm enet Bett teröü on mackten de Lampe uut. Alt wiar Gehüls! – So bleew dat Lecht aan, de Hangk om Kasperken, ganz te schwiegen vam iiskolten, lahmen Arm, on dat de ganze Neit.

Noch tweimol geng dat so, denn woar et Kasperken vernömftig on hatten begreepen: „Kasperken schlöppt em Körfken, de Här Schumann schlöppt em Bett, on gehüllt wiat nich, basta!"

Dagsöwer woar et Kasperken met em Schouladen, mackten bi de Konden *fiep, fiep* on wackelten mem Stät.

No en ganze Tiet meenten de Här Schumann, nu möüuten dat Höngken langksam bellen lernen. Äs hä met äm eenes Dags no Fierowend spazeeren geng, komen se am Hus vam Dierdokter vörbie. Dä soot op de Bank vörm Hus on rookten de Piepe. Hä hüarten sek dat Problem aan, on denn meenten hä: „Et es doch en käängesongk on monger Höngken!" Denn qualmten hö en paarmol mette Piepe on seiten: „Se sollten bedenken, hä es jo en Jöngken! – Bi de Menschen kallen de Jöngkes ok mols en betschen speter." – „Jo, dat stemmt", reep de dicke, nöüschierige Frau Meier, die mol wiar alles metgekreegen hatten. „Usen Emma sin Gohannes hätt ok iarscht met twei Joarsch ‚Mama on Papa' geseit!"

Drop de Här Schumann onwirsch: „Hä soll nich Mama on Papa seien, hä soll bellen!"

Et Kasperken höppten röm, mackten *fiep, fiep* on wackelten mem Stät. „Nix för ongot", reep dä Dokter noch, äwwer do woar de Här Schumann mem Kasperken alt gegangen.

Tu Hus aangekommen, seiten de Här Schumann: „Getz wiat et Äänst!" Leet sek stüahnend op de Knei ronger, de Häng opgestötzt, on mackten *wuff, wuff, knurr, knurr.*

Et Kasperken woar för Spaß uttem Hüsken, höppten röm, leet sin *fiep, fiep* vernehmen, wackelten mem Stät, on leckten schleetlech för lauter Dankbarkeit däm Här Schumann „ratsch" dörget Gesecht. Dä kom möhsam wiar op de Been on sooch een, datta op de Schnelle woll nix te maken wöär. So geng dat Lewen wie gewonnt widder. Et Kasperken woar utdurend flietig, dat konnt me nich angersch seien. Alleen dat Grawen em Garen, ganz affgesenn van Bällschen on Stöcksken holen, Filsmuffen terrieten on, on, on".

Ongertöschen woar et Herfs gewoaren, on de trurigen Daag vam Nofember stongen vör de Düar. Et Kasperken soot gään em Schoufenster, on bekeek sek de Lütt op de Stroote, on die bekeeken sek et Kasperken on ok de fienen Schou, on mönkesmol geng de Ladenklengel. Kom en Konde eren, seiten de Här Schumann: „Brav, Kasperken, hässe alt wiar een gefangen?" Jo, on denn kom dä Samsdag dä teiarscht ganz gemötlech aanfeng.

Kott vör Meddag mackten de Här Schumann em Büro noch en betschen Ornong för Mondag, äs de Düarklengel vam Laden nich miar ophüarten met „klengelengeleng". Dertüschen woar en Frauenstemm hatt am Schängen, on denn woar ok noch en Hongk ganz doll am Bellen.

De Här Schumann störzten en dän Laden. Wat hä do sooch, dätt äm binoh dän Orem verschlonn. Et freedlege, lewe Kasperken woar maschtig „Pluto, dä Höllenhongk" gewoaren, met Bellen, Knurren on Tängfletschen. Ät sprong gegen en Frauensperson, die versökten, äm mette Täsche afftewiaren. Dobie woar se am Krieschen: „Mack datte wäg kömmß, du geftigen Röüt, raus do!" *Klengelenge-*

*leng, wuff, knurr, rrrr!* Die Frau hatten en gruaten Hot op, on iarscht äs hä genauer henkeek, woar de Här Schumann et Mathilde am Erkennen. „Hemmel hölp", deiten hä. On wiar Gekriesch: „Entweder dä Hongk odder ek, met däm tesamm bliff ek keene Minütte länger hiar!"

Do nohm dä Här Schumann all sinen Mot tesamm, nohm et Kasperken om Arm on sprok: „Jo, Mathilde, dat dööt mek jo leed, äwwer et Kasperken es nu mol hiar te Hus!" Do bleef em Mathilde de Loft wäg on nix angersch öwrig, äs kranatengeftig dän Röckzoch aantetreden.

„Kasperken, die siffe loß", seiten de Här Schumann tefreeden, on denn mouten et Kasperken ganz völl Water drenken.

Speter, om Spazeergang, kom wiar de nöüschierige Frau Meier aangelopen. „Wat woar dat denn för'n Gedöns vanmeddag en ährem Laden?", frogten se. „Och, nix besongersch", seiten de Här Schumann, et Kasperken hätt nur ‚Mama on Papa' geseit"!

*Fiep, fiep,* mackten et Kasperken on wackelten mem Stät. Me sooch äm pattu nich aan, dat ät et fuustdeck henger de kleenen Dackelüarkes hatten.

---

Knies – *Streit*
Schoubengel – *Schuhbändel*
Stät – *Schwanz*
flietig – *fleißig*
Filsmuffen – *Filzpantoffeln*
terrieten – *zerreißen*
teiarscht – *zuerst*
Orem – *Atem*

# Dierisch

Wie sek seker noch manicheen erennert, hatten ek bim Mongkaatplosch em Nofember 2003 de Geschechte vam Kasperken, däm kleenen Rauhhaardackel, vörgedregen.

Donoh kom de Frau Dübbers aan de Rei. Äwer kum hatten se de iarschten Wöät geseit, verschlog ähr wat de Sprok, on sek keek öwern Stehpultrangk ronger op de Äät. Fottens keeg ek ok dohen, on glöfften, mine Ogen nich trouen te können. Do kom doch warraftig ganz langksam on bedächtig, betschen grunzend on schnüffelnd, Kopp ane Äät, en temlech öwergewechtig Höngken derlanges. Wä am sooch, reep „Kasperken", offwoll dä ganz angersch utsooch. Dä Hongk leet sek nich stüaren, bog ömmet Eck, on bleef denn derektemang vör mek stonn. Ek seiten: „Jo, wä böß du denn?"

Da Pseudo-Kasperken hoof sinen Koop on keek mek met sine tröüen Höngkesogen en ganze Tiet lang aan. Donoh dätt hö sinen Kopp wiar ronger, watschelten grunzend on schnüffelnd widder, on verschwong schleetlech ömmet Eck no hengen, on de Frau Dübbers konnten endlech met ähre Vertellsches widder maken. Hengerher wuat geseit, dat stiekum metgebreite Höngken wöär dat lange Stellsitten leed gewesen, on hätt sek drengend eß de Been vertreden mötten.

Speter te Hus, geng mek dat Erlewnis nich uttem Kopp. Watten, wenn dat Dierken sek bi mek bedanken wollten för de Geschechte vam Kasperken, drömsweil endlech ok mol en Aatgenoote em Programm vam Mongkaatplosch te Woat kom.

Gedenfalls göfftat woll miar Dengens töschen Hemmel on Äät, äs me am Ahnen es. Kum ut te denken, wat passieren könnten, wenn ek dämnöchst mol öwern Papagei odder en anger Fladermäxken schriewen dätt.

Öm dat noch affschleetend te seien: „Use Mongkaatplosch em Nofember 2003 woar op gaakeenen Fall dierisch äänst, mär doför op geden Fall dierisch „Live!"

„Eenmolig" – hätt use lewe Tante Matta doför geseit!

---

erlanges – *längs*

Aartgenoote – *Artgenosse*

# Ondank

En de Zeitong woarn te lesen,
Nöüigkeiten, allerhangk!
Twei Joarsch höggstens dätt et duren,
bes se köm, de Lärmschotzwangk.

Em Garen, ongerm Berkenboom
wollt ek Erholong fengen,
do fängt om Ast, grad öwer mek
en Piepmatz aan am Sengen.

Et kleene Mätzken strengt sek aan
met rillern, jubelieren.
Dörch „Musik“ van de Autobahn
twoarens kum te hüaren.

Ek seiten: „Hänsken, weetße wat,
dat mott bald better wären,
höllß dörch bes foufonnegentig,
denn soll dek nix mia stüaren!“

On wiat dat mem Verspreken nix,
äs so völlmols schon,
krisse stracks, verlot dek drop,
van mek en Megaphon!“

Dat Mätzken dreit sek öm, – en Klecks –,
geflattert on verschwongen!
Seit Weeken hätt dat kleene Aas
för mek nich mia gesongen.

---

Berkenboom – *Birke*
twoarens – *zwar*
völlmol – *schon öfter*

# Ondier

Usereens em Bett on krank,
op eemol son Getrappel
butten op de Fensterbank!
En Elster kritt en Rappel,
steppt wie Fred Astaire
emmer hen on her,
mackt Gedöns äs en Berserker,
„Yeah“ gekrächzt op Schrett on Trett,
prezies et Schlagtüg met Verstärker,
dä Beatle – Möchtegään-Verschnett,
on hüart domet nich op!
Me kritt et nich em Kopp!
„Göffße Rou?“, bröll ek verbuast!
Trakiert wiat noch de Schalusie,
te goter letz on mek tum Truast
flücht et fott, dat dolle Vieh,
mär om nöchsten Dag
mackt et wiar Krach!

---

butten – *draußen* verbuast – *erbost*

# Omlebus on Mickenick odder: De Starthölpe

Kleenbracken, Hollestell vam Bus,
een Gekriesch, Geflader,
dä flügge Elsternfilius
samt Moder on samt Vader.

Met däm Flegen hättat Kengk
Molesten, dat es woahr,
huach wie breet on ongelenk,
woher dat kömmt, es klar!

„Beweg doch eß de Flögelkes,
denn kommße ok en Schwong,
dat donnt doch alle Vögelkes,
komm, sie en lewen Jong!"

Dä Papa tählt: „Een, twei, drei",
dä Kleene, dä blifft hocken,
mackt en förchterlich Geschrei
on lött sek gaanich locken!

Dä Onaat schlött mär nur Radau
on kriesch, hä hätten Schmeit!
Dä Elster seit tu siner Frau:
„Hol Foder, mek wiat schleit!"

Schleetlich eset denn so wiet,
Start, Flog on Maß genommen,

on op de angere Strotensit
ok glöcklich aangekommen.

Äwwer Glöck es nich van Dur,
kum hättme sek bekregen,
do röpt dä Papa. „Marsch, retur"!
Gemötlechkeit? Van wägen.

Wat? –, alt wiar soll ek flegen?
Hoostekoken, nich met mek!"
Se sind et ärme Dier am Kreegen
de Ollen, hätt woll keenen Tweck!

Dä opsternaatsche Elsternbengel
mackt dän letzten Nerv kapott!
Dag för Dag Gekriesch, Gequängel!
De Ollen flegen eenfach fott!

„Bliff woße böß, Atschüs min Jong",
teletz de Papa grollt!
Dän Kleenen päckt Vertwiefelong,
dat hätt hä nich gewollt!

Flögelschlonn! Met eenem Satz
van de Afflogrampe
rudert hä nom Rettongsplatz
op de Strotenlampe!

En Latüchte geng äm op,
do woaret fast te spet,
mär emmerhin, nu sett hä drop,
mol senn, wie't widdergeht.

Denn kömmt dä Bus de Stroote raff,
dä Kleene föhlt sek mies,
för Angs on Schrecken es hä paff,
kriesch hatt, so wie am Spieß.

De Lampe bewt, et ruckt on röttelt,
dän kleenen Matz verlött dä Mot,
nu wiat hä ok noch dörchgeschöttelt,
obwoll hä doch alt zetteren dot.

Flutsch! –, em letzten Ogenbleck,
schon rötscht hä vam Plattoo,
do funtzijoniert de Mickenick,
wat sind de Ollen froh!

Kawupttig on met aller Kraft
vör Schreck sek opgeschwongen,
denn hätt hä et pattu geschafft,
dän Heemotboom gefongen.

„Mama, Papa", krächzt hä froh,
die twei sind huach erfreut,
iarschtens, ek sie wiar do, on
tweddens, ek häff schmeit!"

En Omlebus ter reiten Tiet,
för jedereen en Segen,
hä fährt de Lütt, on wie me sücht
liart hä ok Elstern flegen!

Mickenick – *Mechanik*
Omlebus – *Omnibus*
Molesten – *Schwierigkeiten*
Kengk – *Kind*
Onaat – *Nichtsnutz*
Hoostekoken – *Pustekuchen*

opsternaatsch – *widerspenstig*
Vertwiefelong – *Verzweiflung*
ter reiten Tiet – *zur rechten Zeit*

# Uttem Neikäsken van de Bökerei en Elwerfeld

## *Widmung*

1956 – 1990

Zurückblickend auf 34 erfüllte Bibliotheksjahre als
„Prakekantin, Bibleorkarin, Frollein Dengens“,
gilt mein herzlicher Dank meinen verehrten Vorgesetzen,
„Direkters, Dokters & Co.“,
meinen lieben Kolleginnen und Kollegen
„för alles denstlege on menschlege Verstehstemek“
und last but not least der wunderbaren Leserschaft für die
vielfältigen Anregungen und für die mir gegebene Möglichkeit, mit Rat und Tat „en betschen hölpen te können“.

*Charlotte Elling, geb. Rüdiger*

# Do kasse mol senn

Äs ek em Jannewar 1960 ene Bökerei en Elwerfeld en Pößken äs Bibliothekarin kreeg, werkten ek iarsch mol em Lesesaal, dä domols noch op de twedde Etasch, on et Mettwochnommedags bes 19.00 Uhr open för et Publikom woar.

Drömsweil de angeren Affdeelongen geschlooten bleewen, kom kott vör 19.00 Uhr de Husmeester vörbie, öwertügten sek, dat nömmes miar em Hus woar, mackten et Lecht ut on schloot de Düar aff. Mär gliek op minem iarschten Mettwoch wuat de Husmeester krank. So kreeg ek de Schlötel ene Hangk gedöüt on woar op mek alleen gestollt.

Mek woaret dobie wat ongemötlech, drömsweil de Kolpingstroote domols en betschen en Verrop geroden woar, van wägen gewesse Fraulütt, die do et Owes on et Neits met gewesse Mannslütt am Römflankieren woaren.

Op minem Schriewdesch tüanten sek de Arbed, on ek hopten op en röüigen Nommedag, öm van däm Berg wat affdreegen te können.

Vör mek am Desch soot en ölleren Här, dä enen paar nöüe Böker römbläderten. Äs hä domet fädig woar, nohm hä sinen Brell aff, on satten sek opörmend kääzengrad. Do goof et en förchterlegen Krach! De ganze Lenn vam Stohl woar maschtig affgebroken. Dä Mann konnt sek grad noch am Desch fasthollen.

Nodäm, dat dä iarschte Schreck vörbie woar, geng hä iilig wäg, on ek rümten flöck de Trömmer no newenaan.

Nu komen paar Stodenten mem Strofgesetzbook ongerm Ärm, die te Hus van wägen kleene Kenger nich röüig Lernen konnten, on 4 Mannslütt, die sek enet Zeitongszemmer verkrömmelten. No kotte Tiet komen ähr 3 aangelopen on woaren sek am Beschweren, drömsweil dä Verte so wat van hatt am Schnorken woar on pattu nich wackertig wären wollten.

För döse Aat van Nuatfall stong om Schriewdesch en Kohklock uttem Allgäu parat, die eß en försörglegen on ömsechtigen Leser mine Vorgängerin metgebreit hatten. De Klock mackten „Bimbim", dä Schnoker wuat fottens wackertig on loos widder en de Zeitong, äs wenn nix gewesen wöär. Am Schriewdesch waarten alt dä Sprokforscher ut Spannegen. Mondag on Densdag woar hä ok schon do gewesen, on hatten mek wat spassig aangekeeken. Dösmol schoof hä mek en Zeddel hen, op däm stong geschreewen:

„Sagen Sie mir, Blume, wann
Sie geboren sind und welches
Ihres Schicksals ist!"

„Ochott", deiten ek, „ok dat noch", mär denn schreew ek entschlooten dronger:

„Blumen werden nicht geboren,
sie blühen und verwelken!"

Dä Spanniger nohm dän Zeddel, mackten en meßmödig Gesecht on steeg op de Galereie, wo hä sek mem dütschen Wöatbok van de Bröder Grimm trüasteten.

Tur Affweeßelong heel mek nu dat Telefong en ganze Tiet met Utkomft op Trapp. Donoh kömmerten ek mek öm eenen „börgerlegen". Här, dä glöfften, dat sine Famillege eß van Adel woar. Ergeswä hatten äm do en Flua enet

Uar gesatt. Nu sollten ek äm hölpen, dat schwatt op witt em „Gotha“ te fengen.

Mär alles Nohkieken on Söken woar för de Katte. So bleew dä Mann börgerlech, wat äm gaanicht gefeel. Om 19.00 Uhr hatten hä sek vöriarscht domet affgefongen on geng, nich ohne mek noch om Glaß Bier em Ratskeller entuladen, wat ek fröngklech affgelehnt häff. On nu: Gott sie Dank Fierowend! Nömmes miar em Hus, Lecht ut, Düar affgeschlooten, fädig!

No de iarschten Schrette op de dustere Kolpingstroote en Rechtong Kasinostroote wuat ek maschtig vanem Täschenlämken aangelöütet. Em Gareneengang newen de Bökerei stongen twei vileits 8 bis 10 Joarsch olle Jöngkes. Dä mette Latüchte seiten för mek: „Hallo Puppe, wie wöäret met us twei?“ „Waaaat?“ reep ek. Do meenten dat angere Jöngken forsch: „Komm schon, Puppe, quatsch nich, dalli dalli!“

„Wenn ähr nich so wat van flöck mackt, dat ähr no Hus kömmt, denn passiert wat!“ reep ek opgebreit. Dat werkten. De Jöngkes nohmen de Been ene Hangk on leepen wat dat Tüg heel. Ek hüarten noch, wie dä een däm angeren tureep: „Du Blödmann, dat konnten ek dek gliek seien, dattat de Falsche woar!“

Äs ek denn noh en gewesse Tiet tu Hus woar, häff ek bim Oweseeten alles vam Dag vertellt. „Do kasse mol senn!“, meenten use Mama verwongert on nohdenklech:

„Do kasse mol senn, ... on ek deiten emmer: Bibliothekar es wat Drüges!“

---

drömsweil – *weil*
Affeelong – *Abteilung*
öwertügen – *überzeugen*
tüanten – *türmten*
opörmen – *aufatmen*
Lenn – *Lehne*
röüig – *ruhig*

Schnorken – *Schnarchen*
wackertig – *wach*
pattu – *einfach*
Spannegen – *Spanien*
ergeswä – *irgendjemand*
Lämken – *Lämmchen*
Oweseeten – *Abendessen*

# Schewawa

Eenes Dags feel mek bi de Utkomf en Jong van vileits 14 Joarsch op, dä stong em Kataloch, woar am Römsöken on dobie am Römmulen. „Krisse nich em Kopp, es nix do, Saftladen", hüarten ek. Drömsweil ek grad ömmes angern hölpen mouten, durten et en Momang, bes dat ek mek öm äm kömmeren konnten.

„Kann ich dir vielleicht helfen? –Was suchst du?" frogten ek dän Jong, dä mek temlech verbuast aankeek. Schleetlech seiten hä em schüansten Elwerfelder Huadütsch met verstoppte Nas: „Hammse nix öwer dän Dengens, dän Schewawa?"

„Schewawa"? – „Chihuahua"! – Rechtig, dat woar doch dä klitzekleene Hongk, van däm em Momang so völl gerett wuat. „Kasse mol senn", deiten ek, „interessiert sek son Jong för dat kleene Höngken!"

Nu trock ek dat Schoot mette „Hunderassen" op on seiten: „Hier wirst du sicher was über den Chihuahua finden". Schon wuat ek wiar no en angere Utkomf gefrogt. Endlech teröü am Schriewdesch, mär do waarten alt dä Schewawa-Jong op mek. Em Gesecht woar hä ruad aangelopen, on ek deiten: Gliek platzt hä! Do geng et ok alt loß: „Son Quatsch, keen Hongk, ek sök dän Scheee-wawa, odder wie dä hett!" Ut sinem Gesecht konntme afflesen, wat hä öwer mek deiten. Gott sie Dank geng mek en Latüschte op. „Meinst du etwa den Ernesto Che Guevara, den kubanischen Revolutionär?" „Wattan söß?" woar de kotte Aantwoart. Nu konnten däm Jong geholpen wären. Ek keek äm hengerher on deiten: „Hättße ok iar drop kommen können, dat Halsdok on de spassige Mötsche, on dat medden em Sommer.

---

Uttkomf – *Auskunft*
verbuast – *verbiestert*
Schoot – *Schublade*

# Gefahr em Verzoch odder: De Fürdope

Em Junni 1956 feng ek äs „Praktikantin“ ene Bökerei en Elwerfeld aan te arbeden. Drömsweil et sek dobie öm mine twedde Berufsutbeldong hangelten, woar ek alt paar Joarsch öller. Vörsörglech goof use Mama mek dän nötzlegen Rot met op dän Wäg: „Lehrjahre sind keine Herrenjahre!“

Vüarher hatten ek utschleetlech för de Gesangskons gelewt, on mem Äänst vam Lewen (tum Bispell „Geld verdeenen) nich so völl em Senn. Dat sollten on mouten sek nu fottens ängern.

Mär, wie dat so es, geden Aanfang es schwoar. Nu hetten de Parole: Ornong, Räsong, kleene Brötsches backen, emmer op de Böwerschten hüaren on fleetig lernen för de Pröwong.

No kotte Tiet hatten ek mek ganz got engelewt. Et durten nich lang, do heelen mek de Vörgesatten för so vernömftig, dat ek de kranke Kollegin vam Lesesaal vertreden sollten. Vam Här Derekter selwer wuat ek enstruwiert. De wechtigsten Saken schreew ek mek om Zeddel. On dat woar do te Lesen:

> Wä dän Lesesaal benötten wollten, mouten vörher Mankel on Täsche en halwe Trappe deeper ene Garderobe affgewen.
>
> Passehten wat utter de Rei, mouten ek op geden Fall bi de Vörgesatten nohfragen. Bloß, wennet prekär wuat met „Gefahr em Verzoch“, on wenn denn ok noch nömmes van de Bö-

werschten em Hus woar, denn, – äwwer bloß denn – dorften ek dat donn, wat ek selfs för rechtig heel. De Derekter nannten dat: „Souverän handeln".

Tu minen Opgawen em Lesesaal gehüarten et, Loseblattsammlungen op dän nöüsten Stangk te brengen, Utkomf te gewen, Telefong te bedeenen, Uttuuschen van Zeitongen on Schenale, Statistik schriewen, on – on – on.

Aff on tu mouten ek ok em Zeitongszemmer nohkieken, off ok nömmes am Eeten, Drenken, odder am Schlopen woar.

De iarschten Daag leep alles ganz got, mär denn kom dä Mettwochnommedag, wo ek modersialenalleen em Hus woar. Ek soot mem Stapel Arbed hengerm Pult. Denn geng de Düar op, on en gruaten ölleren Mann em langen schwatten Mankel bes op de Fööte, ongerm Arm en Pöngel en Zeitongspapier geweckelt, kom eren, on geng langksam en Rechtong Zeitongszemmer. Wie et utsooch, hangelten ek sek öm eenen van de Stadtstrieker, die sek söß dagsöwer ongen em Garen opheelen, bi schleitem Wedder äwwer gään em Zeitongszemmer em Drügen sooten.

Ganz kloar, dä Mann feel assakt onger de „Garderobe-Verordnung". So geng ek hengerher, goof mek en Döü on seiten fröngklech: „Guten Tag, bitte geben Sie doch Ihren Mantel eine halbe Treppe tiefer in der Garderobe ab." Dä Mann bleef stonn, keek mek en ganze Tiet en betschen bekömmert aan, on seiten schleetlech: „Nee Frollein, dat kann ek nich, ek häff nix dronger!" – Bomstig! – Nu stong ek do. Met so wat hatten ok de Här Derekter bim Enstruwieren nich gereknet. Do woar se, de Beschiarong „Gefahr em Verzug on keenen van de Böwerschten em Hus".

„Merkzeddel Ponkt 2", schoot mek dörgen Kopp, on ek seiten met feste Stemm: „In Ordnung." Denn geng dä Mann em Mankel langksam widder, on ek konnten opöörmen.

Om nöchsten Dag hatte de Här Derekter en betschen Möh, äänst te bliewen, äs hä dat hüarten, meenten äwwer, dat hä selwer ohne Frog op geden Fall akrat so gehangelt hätten.

---

Gesangskons – *Gesangskunst*
ängern – *ändern*
Böwerschten – *Oberen, Vorgesetzte*
Uttüschen – *Austauschen*
Schenale – *Zeitschriften*
modersialenalleen – *mutterseelenallein*
opörmen – *aufatmen*

# Meddagshexenstond

> Drückende Julischwüle, gleißende Sonne,
> flimmernde Luft, Mittagsglut auf den Feldern,
> unwirkliche, unheimliche Stille –
> die Stunde der Mittagshexe!

Akrat döset Stemmongsbeld uttem Gedicht öwerfeel mek maschtig, äs ek aan sonem onerdreeglech drammigen Julidag meddags öm een Uhr de Utkomf em Kataloch vane Elwerfelder Bökerei öwernohm.

Selfs de decke, schwatte Brommfleeg, die mek am Vörmeddag op de Nerven gefallen woar, verhell sek nu mucksmüskesstell. Me konnten anet Drömen kommen, vanwägen, dat ongerm Schriewdesch en Emmer kolt Water stonn dätt, öm aff on tu een Been kott dren ducken te können. Mär allet Drömen hölpten nix, on so goof ek mek anet Arbeden. Om Desch , vör mine Nas sooch ek paar knifflege Frogen op Papier. Am Kataloch schreew sek een Frollein wat op, söß woar nömmes do. De Kollegen mackten Pause. Em Sälschen woaret ganz ongewonnt stell. Mär op eemol kom vam Kataloch en Fispeln on Gibbeln, on denn wuart ok noch gestüahnt. „Ochott" deiten ek, „dat mackt de Hetzde." „Meine Seele ist blau, sie hat einen weißen Rand." „Kiek eß aan", seiten ek för mek, „dat weet nich jedereen van sek. Blau on witt?, woröm nich, wennet Spaß draan hätt!"

Ek keek stuur op mine kniffligen Frogen on beschloot, nich miar drop te hüaren, basta!

Äwwer nu kom eene blaue Sial no de angere, alle mem witten Rangk vam Kataloch, so te seien am lopenden Bengel, gefispelt, gezischt, odder ganz gelongentig gesproken, aff on tu vanem onheemlichen Gelächs ongerbroken. Vertwiewelt keek ek op de Uhr, mär de Tiet geng kum vöraan.

Op eemol wuart et absalut stell. Ek wollten alt opöömen, do stong dat Frollein plempelenks vör mek on heel mek en Zeddel vüar de Nas. „Diese Bücher hier, aber schnell!“ Ek nohm allen Mot tesamm on seiten fröngklech, se möüten sek noch en Momang gedolden, drömsweil, dattä Kollege vam Magazin iarscht en fouf Minütten teröüköm. Vör de Theke vane Magazinausleihe geng use Frollein nu hen on her, denn bleew ät stonn on ek hüarten: „Es gibt diese Bücher, sie sind in meiner Nähe, aber ich bekomme sie nicht! Ich stampfe mit dem Fuß auf!“

Fottens goof et en Mordsstamm, on mek wuart et emmer onheemliger on ok mulmig. Mär et kom noch doller. De blaue Sial mem witten Rangk woar wiar draan met Stüahnen, Zischen, Fispeln, dobie wuart mol spassig gehöppt, on denn wiar deep geduckt. Ek deiten: „Paß op, gliek hewt se om Bessen aff!“

Äwwer datu komet nich miar. De Düar geng op, on twei Kollegen komen teglicks teröü. Die twei Männer senn on maschtig normal wären, woar eens. Aadig seiten dat Frollein: „Guten Tag“, goof sinen Zeddel aff on waarten gedoldig op de Böker, seiten denn „Dankeschön“ on „schönen Tag noch“ on verleet dän Kataloch.

„Dat woar äwwer en nett, fröngklech Weitschen“, meenten dä lewe Kollege on ek deiten: „Mann, häss du ne Ahnong!“

---

drammig – *schwül*
Drömen – Träumen
aff en tu – *ab und zu*
Sial – *Seele*

Bengel – Band
Mordsstamm – *Mordsauf-stampfen*
Bessen – *Besen*

# Chreßhellige Daag

Et mott öm 1970 eröm geweest sinn, vileits twei Weeken vör Chreßdag. De Stadt woar alt met Girlanden on Lechter schüan geschmöckt, on ut lauter kleene Büdsches kom dä Doft van Anis, gebrodenen Fesch, Riewekoken, gebrannte Mandelen on angere leckere Saken.

De Schwegermama on ek hatten om Lorenziusmatt en Chreßbömken gekopt. Ät woar ongefähr angerthalwen Meter huach on schüan gewaaßen. Vie woaren us dröwer am Freuen, äwer met däm Dengen hatten vie alle Häng voll, wat nu?

„Weetße wat?", seiten ek för de Mama, „nu goffe en de Bökerei, et Hänsken döt us seker dän Gefallen, on stellt dat Bömken bes vannommedag om Hoff. Denn können vie twei noch ganz gemötlech wat enkopen op de Herzogstroote odder om Wall." Ek hatten eenen Dag denstfrei.

Dat Hänsken S. woar alt völl Joarsch dä godde Geest von de Bökerei, emmer fröngklech on am Hölpen, wo hä konnten. Van Denst wägen kömmerten hä sek om alles rongseröm van Post on Pakete.

Mol woar hä lut am Denken, on dobie sorgten hä monkesmol, ohne dat hä et wollten, för Spaß. Et passenten äwwer ok, dat hä biömmes maschtig em Fettdöppen troot.

En de Bökerei troffen vie derektemang op dat Hänsken, on dä seiten: „Jo seker stell ek dat Bömken om Hoff!" Dobie keek hä de Mama ganz onscheniert nöüschierig aan, drömswägen woar ek am Verkloaren: „Dat es de Moder van minem Mann." „Nee sowat", wongerten sek et Hänsken, „es dat denn mögelech, son gruaten Jong on sone kleene Mama, nee wat nett!" Äs vie so do stonn, kom en „Dame" an us vörbie, et woar de Fröngkdin van eenem van de Dokters. Se hatten en nöüe Frisur, drömswägen woar et Hänsken se nicht am Erkennen. Hä seiten för de Mama: „Ne, ne, dä Dokter, jeden Dag en angere Frau, kasse nur mem Kopp schöddelen."

Denn kom en fien aangetrockenen Här met Brell. Dä frogten, wo hä dän Dokter fengen könnten. Et Hänsken seiten: „Kommen se röüig met mek, dän fengen se nich van alleen." Op däm Wäg dohen, hatten hä emmer noch aan de „nöüe Frau" vam Dokter te knacken. Schleetlech stongen se aan de Zemmerdüar. Dat Hänsken kloppten feste drop, mackten de Düar op on seiten för dän verblöfften Här: „Hiar es dä Schlawiner!" Hä konnten eenfach nich angersch!

Äwwer nu kömmt et. Dä Dokter, dä dän Besöker nich senn konnten, deiten, sine Fröngkdin wöar noch eß teröü gekommen. Hä woar en Spaßvogel on hatten völl domm Tüg em Kopp. So satten hä sek flöck om Schriewdesch em Schniedersetz, de Jack öwern Kopp getrocken on goof sek am Sengen: „Christkindlein komm auch zu mir!" Et Hänsken woar för Vertwiewelong am Schwetten, mär do woar nix miar te maken. Dä fiene Här hatten sek stantepe om Affsatt römgedreit, on futsch woar hä.

Äs de Mama on ek om Nommedag usen „gruaten Jong" on dat Bömken affholen wollten, mackten et ärm Hänsken en bedröpelt Gesecht, on vie kreegen de ganze onglöcksialege Geschechte vertellt. Se woar äm rechtig om Gemöt geschlonn. „Nu haffe de Beschiarong", seiten hä am Eng, „ne, ne, dat göfft en Chreßdag!" Dat Geschäft met däm fienen Här es en de Binsen gegangen, on ek häff däm Dokter dat ganze Krom verhonzt. Hätt ek doch de Mul gehollen on nich ‚Schlawiner' geseit!"

Vie versökten, et Hänsken te trüasten. Op eemol kom dä Dokter, dreiten sek wie en Dilldopp on reep: „Beinah hätte mich der Hansmuff gehabt, aber unser braver Nikolaus – (hä wees om Hänsken) – hatte alles fest im Griff!" Mette Pleite vam Meddag woar hä längs fädig. Denn seiten hä fröhlech för de Mama: „Gnädige Frau, ich wünsch mir vom Christkind einen goldenen Stern vom Himmel, zwei Plätzchen und ...", hä pock sek am Kopp, sprong en de Höchde, „ne Kokosnuß!" Do woaren se all am Lachen. Em Hänsken feel en decken Steen vam Hääz, hä woar ganz geröhrt on seiten: „Dokter, dat vergett ek Sie nie nich, Iarenwoat!" Gott si Dank, nu kann et Chreßkengken kommen."

Denn sooch dä Dokter use Dannbömken, on mackten sek met „Oh Tannenbaum" op dän Wäg no Hus.

---

Chreßhellige Daag – *Vorweihnachszeit*
Chreßdag – Weihnachten
Lorenziusmatt – *Laurentiusmarkt*
vannommedag – *heute nachmittag*
Fettdöppen – *Fettnapf*
Hansmuff – Knecht Ruprecht in Köln
Kääls – *Männer*
drüg – *trocken*
Söng – *Sünde*
Dannzappen – *Tannenzapfen*
Chreßdag – *Weihnachten*
Hääz – *Herz*

# De blaue Wetenschap

Et woar Samsdag, et Morges öm tehn Uhr en de Bökerei en Elwerfeld. De Düar wuart opgeschlooten, en jöngeren Mann em Blaumann, met blaue Mötsche om Kopp, Täsche an de Hangk, kom stracks en dän Katalogsaal gelopen on keek sek öm. Vör däm Sproch anne Wangk bleew hä stonn on los:

Die Wissenschaft, sie ist und bleibt,
was einer ab vom anderen schreibt.
Doch ist indessen, unbestritten,
sie immer weiter fortgeschritten!

„So es et, genau so", freuten hä sek. Denn kom hä nöcher on seiten: „Ek hätten eß gään en Wonsch ..." „Sicher", meenten dat Frollein, „was soll es denn sein?" „Jo, weetense, ek sök son kleenes blaues Bangk, krittme en de Bookläden, göfftet alle Fröhjoarsch nöü, es wetenschaplech." On hä wees op dän Sproch: „Akrat so!" „Wer hat es denn geschrieben?", wollten dat Frollein weten. „Dat weet ek nich", kom de fröhlege Antwoat. „Äwwer et es so'n kleenes, blaues Bangk." Dat Frollein frogten: „Meinen Sie die Blauen Bücher?" „Nee", seiten hä, „een kleenes, blaues Bangk!" „Wir haben hier die Bücher weniger nach der Farbe, als nach dem Inhalt geordnet", goof dat Frollein vörsechtig te bedenken. „Es wetenschaplech, werklech", bedüerten dä Blaumann. Dat Frollein goof sek nu dodraan, de Wetenschapzoaten optetählen: „Religion, Geschichte, Erdkunde, Technik, Physik, Chemie, Philosophie, Medizin ...?" „Jo, wennse mek so am Frogen sind ...", seiten dä Mann, nohm de Mötsche aff on kratzten sek hengerm Uar, „do stött dren, wie me alles so geleeft wiat!“ „Aha“, seiten dat Frollein, „sehen Sie mal hier!“ Se wees op en Pack Käätsches em Schrankschoot, „hier steht alles zu diesem Thema!“ Nu woar hä do en betschen am Römkrosen, op eemol woar hä et lied on seiten: „Wat gelongen, es nich dobie, stött keene Farw draan, äwwer et mott dat kleene, blaue Bangk sinn!“

Nu seiten hä fröhleg „Tschüs“ on geng stracks wiar ruut utte Düar. Vör Vertwiefelong keekten dat Frollein uttem Fenster nom Hemmel ..., dä woar tufällig ok blau.

---

nöcher – *näher*
Bangk – *Band*
wetenschaplech – *wissenschaftlich*
Zoaten – *Sorten*
Uar – *Ohr*
römkrosen – *rumsuchen*
gelongen – *seltsam, verwunderlich*
Vertwiefelong – *Verzweifelung*

# Valentinsdag

Et woar pätsgenau om Valentinsdag vör en paar Joarsch, do komen om Nommedag twei Weitschen en de Bökerei en Elwerfeld. Se leepen de Trappe rop bes enen twedden Stock on denn dörch de Düar em Kataloch, odder wie dat hett.

Me mot weten, en däm Zemmer hannt se de Nömmerkes van alle Böker op Käätsches opgeschrewen, on de Käätsches sind en Schrankschötter. Use twei Weitschen keekten sek nöüschierig öm, mackten hie on do en Schoot op on tu, denn nohmen se'n Book enne Hangk, mackten ät op on tu, on denn goofet en Gegibbels on Gefiespels, on denn stongen se wiar do on woaren sek am Schenieren. Tuletz komen se an dän Schriewdesch, op däm stong en Scheld „Auskunft".

Se pufften sek am Arm, doröm dat, wä aanfangen sollten, on endlech seiten eens: „Vie söken en Book, dat hätt use Moder en ähre Jogend gelesen, dat es öwer dat gruate Katrinna van Rußland, de Zarsche, ät soll et jo so doll met de Kääls gedreewen hann." So, nu woar et ruut!

Dat Frollein Utkomf wollten nu weten, wann denn de Moder jong woar. De twei woaren am Öwerleien on am Reekenen, et durten en Ogenbleck, on denn kom et: „En de fuffziger Joarsch woar de Moder jong." Dat Frollein goff sek am Söken en de ganz decken Böker, on op eemol seiten se op huadütsch: „Ja, hier habe ich zwei Buchtitel gefunden, erstens *Katharina die Große, Kaiserin von Rußland*, und ..." Äwwer se kom nich widder, de twei keeken sek aan, schöddelten mem Kopp, nee, dat woar nich dat Rechtige. „Kamme sek nix dronger vörstellen, es nix Halwet on nix Ganzet, es tu drüg!" Dat Frollein studeeten noch eß en däm Book röm on loos vör: *Katharina die Große – Ein Leben in Sünde.*

Nu woar wat loß. „Hässe gehüart, *Söng*! Jongejongegong, *Söng*!, en Lewen en Söng. Söng es emmer got! „Dat nehmen vie, dat es rechtig." Die twei woaren reenewäg uttem Hüsken. Wat soll ek seien, dat Book woar do, on öwerglöcklech trocken se domet no Hus. För ne kotte Tiet woar dat Frollein Biblodengens nich am Schriewdesch, on äs ät widderkom, log do en lila Päcksken met Schoklat. Danntappen van Chreßdag, on dobie woar en Zeddel, do drop woar en Hääz, on en däm Hääz stong: „Dankeschön!"

---

Weitschen – *Mädchen*
*twedden* – *zweiten*
Käätschen – *Kärtchen*
Schrankschöter – *Schubladen*
Gegibbels – *Gekicher*
Gefispels – *Geflüster*
Kääls – *Männer*
drüg – *trocken*
Söng – *Sünde*
Dannzapfen – *Tannenzapfen*
Chreßdag – *Weihnachten*
Hääz – *Herz*

# Goethe en Elwerfeld

Nee, nu kömmt nich dat, wat ähr glöfft! – Geloten! – Öwer dän Besök vam Goethe en Elwerfeld, – Anno Tobak –, hätt dä olle Flasdieck alt längs geschrewen. Wat ek vertellen well woar iarscht vör viazig Joarsch (1956).

Domols werkten en de Bökerei son kleenen Husmeester, – kleen, äwwer „oho", wie me so schüan seit. Hä schmokten nich, kippten nur en Gläßken, wenn ömmes „Prost" seiten, on heel de Pennenge tesamm. För sine Ölsche woar hä so tröü as Gold. Em Denst sorgten hä för Ornong on Propperteet. Ek meen, em Hemmel hätt hä vandaag ok son Pöstken.

En de Bökerei hatten se nich nur völl Böker, se hatten et ok ganz doll mette Dichters, Denkers on Könslers. Em ongeren Flur stong dä Kopp vam Heinrich Jung-Stilling om Sockel, em meddelsten Stock kiekten dä Emil Rittershaus en Öl van de Wangk op de Lütt em Trappenhus, on om öwerschten Flur stong dä Kopp vam Johann Wolfgang von Goethe, ok om Sockel! Do bowen woar ok dat Musiksälchen.

Woaren se do am Speelen on am Sengen, seiten dä kleene Husmeester menachtig: „Ochott, ochott, Andante, Andantino." Dobie schöddelten hä mem Kopp. Hä hatten et nich so mette Dichters, Denkers on Könslers! Dat hett, – mem Emil woar et angersch. Däm seiten hö mols „Goden Dag" em Trappenhus. Dä Emil woar nemlich däm Dokter sinen Bestevader. Mem Dokter tesamm affkommediert, woar dä kleene Husmeester kotte Tiet vör Kreegseng am „Westwall" mette Schöppe tegang. Et goof en Gemonkels, drömswegen wöär dä Kreeg en de Binsen gegangen. Zeitdäm seiten die twei „Du Dokter“ on „Du Väterchen“ förenanger, on dodörch woar et ok binoh familgär mem Emil. Dän Jung-Stilling kannten dä kleene Husmeester nich nöger, äwwer dän „Goethe“ dän konnten hä pattu nich verknusen, – woröm –, dat kömmt nu:

Eemol kom huachen Besök en de Bökerei, on de Direkter leep selwer von ongen bes bowen, on woar am Kieken, dat alles en Ornong woar. Tuletz stong hä mem Dokter on en paar Fraulütt bim Goethe, on do woar et passeht.

Dat mottme sek eß vörstellen, dä Johann Wolfgang woar deck völl Stuf, nee sowat! Opgeregt reep de Direkter nom kleenen Husmeester, on seiten opgebreit för äm, hä sollten fottens dän Goethe affstuwen. Dä kleene Husmeester satt sek en Posentur on meenten opsternatsch: „Nee, Herr Derekter, dat könnense nich van mek verlangen! Dän ollen Huarenbock pack ek nich aan! – Basta!“ Hä dreiten sek öm on geng enfach wäg. Dä Derekter woar paff, äm bleew de Spei wäg. Dä Dokter seiten wie emmer, wenn hä verblöfft woar: „Wer sagt’s denn, dass die Frösche keine Haare haben?! Me sooch äm aan, dat hä ennerlech am Lachen woar. Tum Glöck woaren de Fraulütt besser om Goethe te spreken.

Se gowen sek flöck am Affstuwen, on äs dä huache Besök kom, stong dä Johann Wolfgang bletzblank do, on mackten en goden Endrock.

# Geschräbbels – odder: Döt on Dat op Huadütsch odder Barmer Platt

# Op de Heemot

# Gode Rot es nich dür

Platt te kallen es nich schwör,
Platt te lesen, ömso miar!
Van wäm me es dat Platt gehüart,
hätt Lesen, Schriewen nich geliart.
Wat van Mongk tu Mongk vertellt
en Barmen odder Elwerfeld,
en Remsched, Sollig, Köln on Bonn,
wiat fottens pätsgenau verstonn,
mär om Papier, so schwatt op witt,
do klapptat nich, ähr lewen Lütt!
Mem Verstehstemek – Mallör
kömmt dat Platt us spannisch vör!
Do wiat gestottert on gestammelt,
dat „Leseplatt" klengt knatsch vergammelt.
Et Handock schmett so manigen Ömmes
on meent: „Datta begriept doch nömmes.
Dä Mongkaatschriewer röpt: „Ochott,
mackt nich dat lewe Platt kapott,
em Wöättbook stött de Utsprok dren,
denn göfftat Lesen ok en Senn!"
Nur Mot! Met Fliet sek draangesatt!
Völlmols bedankt sek önker Platt!

---

Handock – *Handtuch*
Fliet – *Fleiß*
manigen Ömmes – *mancheiner*

# Striepzoch dörget Barmer Platt #1

Gelongentig es Barmer Platt,
wä sek beiilt, es sek am Tauen,
wä't verdeent hätt, kritt geschwatt,
angerschwo es me am Hauen.

Wäm Honger pisackt on bedröft,
dä hätt en Barmen Schmeit,
wä ergeswo en „Mädchen“ leeft,
en Barmen leeft hä'n Weit!

Geht schmacktig ergeswatt kapott,
kritt hä en fiesen Schreck,
dä Barmer seit: „Ochott, ochott,
verdori on verdeck!“

Fällt hä sek eß en Dreck on Matsch,
kann hä sek mols vergeten,
denn wiat dä Barmer opsternatsch,
stött op on seit: „Gedreeten!“

Om nöchsten Blatt wiat fottgesatt
dat wongerschüane Barmer Platt!

---

Striepzoch – *Streifzug*
gelongentig – *merkwürdig/ sonderbar*
sek tauen – *sich beeilen*
kritt geschwatt – *wird verprügelt*
schmachtig – *plötzlich*
opsternatsch – *aufsässig*

# Striepzoch dörget Barmer Platt #2

Self, wenn dä Liarer wödig wiat
on ok de Liarerin,
dä Barmer es sek onscheniert
am draan am Donn am Sinn!

Am Freuen grad so äs am Hülen,
hä es am Schwetten on am Freesen,
de Hengerfront sek am Verköhlen,
doch ok am Schriewen on am Lesen,

am Beden on am Hus am Bauen,
am Sengen on am Bier am Drenken,
am Riewekoken am Verdauen,
am Friedchen am Parföm am Schenken!

Nur am Sorgen för de Blagen,
am Gewen miascht, ok mol am Erwen,
am Jubelieren un am Klagen,
te goterletz es hä am Sterwen!
Dä Striepzoch dörget Barmer Platt
om nöchsten Blatt wiat fottgesatt!

---

wödig – *wütend*
Schwetten – *Schwitzen*
Freesen – *Frieren*
Erwe – *Erbe*
miascht – *zumeist*

# Striepzoch dörget Barmer Platt #3

Der „Alte Markt“ hett „Ollen Matt“,
„Eisbein“ es „Hiesenbeen“,
„verhiarodt“, dat es hia „bestatt“,
en „Stropp“, es weld on kleen!

„Mangbruat, Delsches, Heetewei“
bim Bäcker kasse kopen,
för „Knufflok, Olk on Zellerei“
nom „Hangelsmann“ mottß lopen!

„Mattekees“ es witt on suur,
Waffelten schüan söt,
„Buanekamp“ heelt, temlech puur –
Magen on Gemöt!

Gemös, Geschläpps, Gehians, Geröcks,
Geräppels on Geschlöngels.
Geschwols, Gespens, Gekäll, Geköcks,
wat en Gedöns, Gepöngels!
Bes döse Daag, op Wiasenn,
em nöchsten Heft stött noch wat dren!

---

Delsches – *Teilchen*
Olk – *Zwiebeln*
Zellerei – *Sellerie*
Mattekees – *Quark*
Geschläpps – *Brei*
Gehians – *Gehirn*
Geröcks – *Geruch*
Geräppels – *Durcheinander*
Geschlöngels – *Eingeweide*
Gepöngels – *Durcheinander*

## Striepzoch dörget Barmer Platt #4

Oh Wonger!, Bett es hia Bett,
Pantoffel, dat sind Schlappen,
wennet dä Barmer iilig hätt,
mackt hä sek op de Lappen!

Nich enne Neit, (so hett de Nacht!),
no goder, oller Sette,
för dän Barmer Schlöper wacht
„Brölldöppen“ ongerm Bette!

Dat es dat Pöttken för de Neit,
– woröm et bröllt –, weet nömmes,
dä teiarscht et hätt geseit!
Söß weet et seker nömmes!

Van de Döppen wiat noch wat
fottgesatt om nöchsten Blatt!

---

Brölldöppen – *Nachttopf*

# Striepzoch dörget Barmer Platt #5

„Döppen“ hättme gruat on kleen,
Konzoaten allerhangk,
decke, dönne stracks bineen,
ok sone met Verstangk!

„Döppen“ seit me mols för'n Dommen,
ok de Ääzen döt me döppen,
domet se utte Hölsen kommen
on fottens en dat Döppen höppen.
Denn göfftet do noch „Hans dän Döper“,
dä woar am Döpen met völl Mot,
van usem Herrn dä Vörherlöper,
dä hätt met „Döppen“ nix am Hot!

Bliewen noch de „scheelen Döppe“,
wenn ömmes mette Ogen scheelt,
odder op de Ogen Knöppe
hätt, drömswän dä Dörschbleck fehlt!

Vam Striepzoch dörget Barmer Platt,
om nöchsten Blatt stött ok noch wat!

---

Döppen – *Topf*
Konzoaten – *Sorte*
stracks bineen – *dicht beieinander*
Ääzen – *Erbsen*
Hans dän Döper – *Johannes der Täufer*
Döppen – *Augen*

# Striepzoch dörget Barmer Platt #6

Dat hüadütsche „mir" on „dir"
mottße stracks vergeten,
„mek" on „dek" seiße dofüar,
dat kasse dek geneeten!

„Mek" on „dek", – do bösse platt –,
henger, füar on tüschen,
dat Dollste utterm „Ollen Matt",
hiar därfße fröhlech meschen!

„Fraumensch, Öllsche, Kääl on Weit"
sind keene Schängwöät hia,
äwwer, wenn me „Schennooß" seit,
on „Spetzbof" ömso mia.

Ok „Bangeboxe", „Demelack"
on „Stronzbül" wiat veröwelt,
för „Kanalge", „Hackepack"
en „Brunkopp" dek vermöbelt!

Wi'en op em Bom de Ka'en,
brennt em Ko'en eß en Für,
se'en Ra'en henger La'en,
fo'ens kömmt de Fürwehr!

Akrat so flöck om nöchsten Blatt
wiat dä Striepzoch fottgesatt!

---

geneeten – *genießen*
Schängwoat – *Schimpfwort*
Schennooß – *Scheinheiliger*
Demelack – *Dummkopf*
z.B. Wi'en = Knacklaut = Witten

# Striepzoch dörget Barmer Platt #7

Kann dä Barmer eß pattu
dat reite Woat nich fengen,
es ongeröhrt op „du on du“
hä fottens mettat „Dengen“!

Mem Dengen es hä mols op Tuur,
hä hätt et stets dobie,
kiek, wennet pleestert, hölpt mer nur
„dat“ Scherm, dä Paraplü!

Dä „Dengeskerken“ en de Stadt
troff op dän „Dengesmeier“,
vam „Dengesamt“ kom dä schachmatt
vanwän de „Dengessteuer“;

Dä „Dengeskerken“ seit: „Ochott“,
ek mott nom „Denges“ lopen,
dat „Dengen“ es bi us kapott,
de „Dengesdüar stött open!“

So woar de „Dengestiet“ vorbie,
se schöttelten de „Denges“,
donoh de „Dengeskompenie“
geng flöck utreen derlängs!

Om nöchsten „Dengen“ fottgesatt
wiat, – Ährenwoat! – dat Barmer Platt!

---

Dengen – *Ding*

# Striepzoch dörget Barmer Platt #8

Kömmt äm dat Lewen kuusen-doll,
verkiart för on vertrackt,
seit dä Barmer iarscht mol „woll“,
denn hätt hä et gepackt!

Bomstig, maschtig kömmt dat Glöck
plempelenks em Hääz,
paaftig haut akrat so flöck
dat Onglöck op dän Dääz!

Dä Barmer höllt op Geld on Got,
(spreek: „Moses on Profeten“!)
Kranatengeftig bes op't Blot,
wiat hä, wenn hä bescheeten!

Dä Barmer bliewt för alle Tiet
van goter Qualleteet,
dat Barmer Platt, – et döt mek lied –,
es nur noch Raleteet!

Wä däm Striepzoch kum verstong
on woar sek doch am Freuen,
dä es alt op de Besserong,
do kamme „Sie“ för seien!

---

bomstig /
maschtig – *plötzlich*
plempelenks – *unversehens*
Hääz – *Herz*
paaftig – *Schallwort*
Dääz – *Kopf*
bescheeten – *betrogen*
Raleteet – *Seltenheit*

# De Plattkaller

Eegentlich gehüarten hä op de ruade Leste vam Aatzenschotz, drömsweil hä miar odder weniger vam Utsterwen bedräut es. De huache Sprokwetenschap soll vör kotte Tiet beschloten hann, dattat Platt en de öropäische „Spra–chen–char–ta“ opgenommen on veriawigt wären soll, domet dat ät nich ganz ongergeht! De Plattkaller selwer löppt frei on ongeschötzt röm, mettenmang de Huadütschen. Mol es hä draan te kennen, dat hä de Zomftkette ömmen Hals dreegt, mol löppt hä alleen on mol met angere Plattkaller tesamm. Wat sonen rechtigen Zomftgenosse es, dä hätt, wenn hä huadütsch kallt, dat Platt met op de Platte, odder angerschröm utgedröckt -, wat platt en äm es, mott em däglegen Lewen huadütsch ut äm ruutkommen, drömsweil äm söß kum eener verstött. Stellense sek vör, hä kömmt nom Metzger on well „Längerbeen, Hiesenbeen, Bennerspolt“ on en „Karmenadenknöcksken för'n Rööt“ kopen. Dä Metzger denkt, hä wüart veräppelt, odder bim Konde dättet piepen.

Dat mottme sek eß vörstellen, hä kallt de Ursproke, on denn sowat. Jo, so eset, gestern noch „en“ vandaag „aut“! Woröm dat, weet nömmes.

Öm et noch eß te seien, et mott huadütsch gekallt wären vanwegen däm Verstehstemek, dat hett, utter de Utrötscher „at, dat, hässe, bösse, kasse, woll“ on angere „Plättkes“, womet dat Plattkallerhuadütsch ganiert es. Wenn en Schängwoat met van de Patie es, schmett de bennere Opregong ät ok plempelenks platt no butten.

De Plattkaller es nich te verweeßelen mem modernen Sprokverhonzer, dä duernd met „letztendlich, schlußendlich, zögerlich“ tegang es on so gään alles hengerfröcht – Verdonn-Stöck – hinterfragt!

On wo kallt use Plattkaller denn nu werklich Platt?

*Iarschtens*: met sek selfs te Hus, mette Famillege on Fröngkde vileits, *Tweddens*: bim Plattkallerstammdesch, *Dreddens*: en de Laienspellgruppe, *Vertens*: om Mongkaatowend för on vör Publikom, *Fofftens*: et soll ok noch Zeitongs gewen, wodren hä metonger wat schriewen därf! (wiat gemonkelt!)

On wodröwer kallt hä?

Kott on knapp: „Temlech öwer alles!“

Nee, mol em Äänst, dat kann löstig, äänst, spaßig, trurig, besennlech, vertellend, liarend, schängend, – ewen eenfach alles sinn.

Manigesmol es dä Plattkaller ok Mongkaatschriewer odder sogar Dechter on mackt sek dat, wat hä vördreegt, selfs utte Lameng. Äwwer en ganze Rei sengt, kallt on speelt dat, wat angere op Platt geschreewen hann, domet, dattat am Lewen blifft, drömsweil et wat met Heemot te donn hätt.

Paß op!

„De Heemotverbongenheit
ähren Utdrock
sin Mongkstöck met Hääz“
dat es de Plattkaller!

Warraftiges Gott trurig, dat es dervan mär bloß paar Stöcker göfft.

---

Utsterwen – Aussterben
mettenmang – *zwischen*
Rööt – *Hund*
Längerbeen – *Suppenfleisch*
Hiesenbeen – *Eisbein*
Bennerspolt – *Lendenstück*
Karmenadenknöcks-ken – *Kotelettknochen*
Utrötscher – *Ausrutscher*
plempelenks – *unverhergesehen*
Sprokverhonzer – *Sprachverunstalter*

# Mongkaat …

… kann metonger kum verstonn wären,
schletzuarig, tröühääzeg,
gemötlech, vertroulech, trurig, fröhlech
äwwer ok
onverschammt ornär on brun
klengen,
… kann verbengen on trennen,
trüasten on oprechten,
beden on bedden,
schängen on gottluas fluchen,
quasseln on vertellen,
Erennerong wachropen on te Hääz gonn,
spaßig sin on Spaß maken,
ömmes öm de Uaren on söß wat hauen, odder
fies ärgeren –
on wiar en de Rei brengen,
… kann nömmer dörch Huadütsch verdreewen
wären,
ohne Stür vererwt wären,
Wöätt on Sätte dörgeenschockelen,
öwerhoups
mette „Grammatik" maken, wat se well,
kallen äs de Mul gewaaßen es,
… kann temlech alles!

Mongkaat es naturbeloten on oatsgebongen!
Mongkaat es en Stöck Heemot!

---

schletzuarig – *schlitzohrig*
Stür – *Steuer*
Wöätt – *Wörter*
Sätte – *Sätze*
dörgeenschockelen – *durcheinanderbringen*

# Dän Obram gesenn

Wenn ömmes foffzig Joarsch gewoaren,
stött mol en de Zeitong dren,
dat hä ohne „Wenn on Äwwer“
nu dän Obram hätt gesenn.

Denn hüart me frogen, ganz verwongert,
– kum eener, dä et rechtig weet –,
wat döset nu woll hetten sollten?
Drömswägen göff ek hiar Bescheed!

Öm dat te kloaren, lewe Lütt,
en usem frommen Wopperdal,
nömmt me, esse ok verstuft,
de Bibel flöck uttem Real!

Et hangelt sek öm dän Johannes,
dän Evangelist, ähr wetend dat,
em nöüen Testament te fengen,
de verte Kiar!, do bösse platt!

Nu mottme dat Kapitel söken,
bi Nommer acht, do soll et stonn,
Vääsch seßonfoffzig, achtonfoffzig!
Mot gepackt!, dat fengt me schon!

För dän, dä keene Bibel hätt,
nich weet, wo se denn affgebleewen,
wiat met Verstehstemek ömsöß
dä Tex nu wöätlech opgeschrewen:

Joh. 8, 56–58
Jesus antwortete: ...

56 Euer Vater Abraham jubelte,
weil er meinen Tag sehen sollte.
Er sah ihn und freute sich.
57 Die Juden entgegneten:
Du bist noch keine fünfzig Jahre alt
und willst Abraham gesehen haben?-
58 Jesus erwiderte ihnen:
Amen, amen, ich sage euch:
Noch ehe Abraham ward, bin ich!

Son rechtig schlauen Bibeldüdder
trock drut för sek de Konsequenz:
„Onger foffzig?, keene Schangse,
äwwer met!, äs Quinquessenz!

Se wääßt on wääßt, de lange Rei
van dösen, die dän Obram kennen,
mek selwer kann ek en viar Joarsch
tum angerthalften Mol benennen!

---

Obram – *Abraham*
verstuft – *verstaubt*
Real – *Regal*
ähr – *ihr*
Kiar – *sinngemäß: 4. Teil*
Vääsch – *Vers*
Düdder – *Deuter*
wääßt – *wächst*

# Markenteechen

Wä stantepe „wat" fröcht,
met „woll" ongerstriekt,
egalewäg, wat hä am Quasseln es,
en „alldagsen" Hot opsatt,
de „sonndagse" Boxe aantreckt,
vör Chreßdag Moppen on
Spekelaz am Backen es,
statt van de Tante
öwer
sine Moder ähren Broder sine Frau
am Kallen es,
dä, – weeße –,
dä kömmt hongertperzentig
ut Barmen!
(Kasse glöwen, iarlech!)

---

alldagsen – *alltäglich* Hot – *Hut*

Dörget Joar

# Alle Joarsch

Töschen Chreßdag on Silvester,
wenn vam ollen Joar de Rester
langksam odder flöck verstrieken,
es jedereen teröü am Kieken,
mackt för sek „Bilangß“, bedenkt,
wat äm geklaut! – on wat geschenkt,
op ongerm Streek wat öwerblifft,
op me ruade Tahlen schrifft?
Wat hätt me rechtig got gepackt?
Wat hätt me alles metgemackt?-
Kiek, wat alt es öwerstangen,
bruckt me nich miar aantefangen,
es vergeten on vergewen,
emmer widderlöppt dat Lewen!
Däm ollen Joar seit me nu „Tschüß“,
drömsweil ät affgelopen es,
drömswegen dän Kalender stüart
on eenfach utgeweeßelt wiat
van eenem op dän angeren Dag
öm Medderneit mem Glockenschlag!
Alle Joarsch wiat pätsgenau
met Gelütt, Geknalls, Radau,
Höpperei, Gelächs on Freud
Angs on Sorge wäggedöüt!
Mönkereen beschlütt mär stell,
dat hä sek nu besseren well!
Öm Leefde, Tröüe, Arbet, Geld,
Gesongheet, Freeden op de Welt
nom lewen Gott wiat ok gebätt,

domet hä sek drom kömmeren dätt!
Egal wat kömmt, klipp on kloar
hett et iarschtmol:
„Prost Nöüjoar"!

---

terööü – *zurück*
widderlöppt – *weiterläuft*
mönkereen – *manch einer*

# Dä Mai

Binoh jedereen es öwertügt, dattä Mai dä schüanste Monat öwerhoups es. Dogegen es warraftig ok nix te seien. So kömmt et, dat völ aangenehme Erfahrongen on Erinnerongen met däm „Mai“ fest verbongen sind.

Selfs em Barmer Wöätbook vam Julius Leithäuser fengt dat sinen Utdrock. Kiekt me sek de angeren Monatsnamen aan, denn stonn die miar odder weniger ganz alleene do. Höggstens göfftet noch de Määz biesen an dän Aprellsgeck. So wie geseit, öm de angeren Monate wiat keen Bohei gemackt.

Ek selfs holl jo dän Jannewar dörchut ok noch för bemerkenswäät, denn

„Em Jannewar, em Jannewar
waart jedereen am miarschten,
de Kenger op dän iarschten Schnia,
de Gruaten op dän Iarschten!“

Äwer: 1. häff ek dat geschreewen
on: 2. es dat Aansechtssake.

Em Mai es ewen alles angersch. Do kömmt selfs dä Drügste anet Schwärmen. So liest me aangeregt em Wöätbook:

„Maiblom, Maibom, Maidag, Maidrank, Maifesch, Maikewerte, Maikormel!“ – Hiar stockt me perplext on es am Öwerleien, wattat woll bedüdden sollten. Flöck em Elwerfelder Wöätbook nohgekeeken. Kormel hett Dörgenanger, hiar wie do. Äwwer dä Barmer Maikormel hett en Elwerfeld Maidaagskormel on stött doför, dat enne iarschte

Maidaag emmer völl Famillegen ongerwägs woaren. Op de Barmer Maikormel, drömsweil hä so gaanich vekloart wiat, sek vileits miar enwennig, soll hetten, em Barmer Börger selfs affgespellt hätt?

Bi „Maikrüder", Maipierken" es wiar alles klaor. „Mairegen bringt Segen", meenten de Erwaaßenen, on scheckten de Blagen no butten, domet, dat se en Stöcksken waaßen dätten.

Nom „Maikewerten-Kengerleed vam affgebrannten Bommerland" kömmt em Barmer Wöätbook tum kruanenden Affschloot noch dä Barmer Bur te Woat, van däm alt an angere Stell te Lesen es: „Watte Bur nit kennt, dat frett hä nit, äwwer Suppen dööt hä et doch!", odder: „Bur blifft Bur, butt van Natur!"

De Buren-Wederregel vam Mai kennt jedereen äs huadütsches Sprökwoat: „Ist der Mai kühl und naß, füllt's dem Bauern Scheun und Faß!"

En Barmen breiten de Sorg öm dat Weder em Mai et fädig, dattä söß so gottesförchtige Bur nix kannten on sinem Hääz onmeßverstängklich Loft mackten. On so sütt dä vörgewarnte Leser dat folgende Vääschken vör sine Nas:

„Es dä Mai reit naat on köhl,
wääßt et wie en Donnerkiel,
es hä äwwer wärm on drammig,
wääßt et wie en Gottverdammich!"

Domet es dä Mai, wattat Barmer Wöatbook aangeht, am Eng, on ek, – jo, on ek schleet mek aan!

| | |
|---|---|
| Määz biesen – *Schauern* | enwennig – *inwendig* |
| Maikewerte – *Maikäfer* | Krüder – *Kräuter* |
| Maifesch – *Maifisch* | Maipierken – *Stichling* |
| Kormel – *Durcheinander* | suppen – *Saufen* |

# Herfsgeschenk

Dä Herfs göfft Äppel, Biaren, Nööte,
Storm on Reen on naate Fööte,
Sonnenschien es ok dertöschen,
Farwen sind am met am Meschen,
Flohmatt, Örgelsdaag on Wahl,
Strootenfest em Wopperdal!
För alles seiße dörch de Bank
däm lewen Herfs en „Erntedank."
Nur, wat hä mek em Omlebus
aangedreit hätt, dat es Stuß!
Drömsweilße et ömsöß gekreegen
bruckße dek nich opteregen,
jedereen, wemme bedenkt,
kritt ergeswann so wat geschenkt!"
So denkße, – äwer ok nur kott,
bomms!, wiaße krank, Vernomft es fott"
Mol löppt de Nas, mol esse tuu,
on dä Hoosten, dä Filu
dek et neits om Wecker fällt,
wenn durend hä so ut dek bellt!
Me mott nom Apetheker lopen
on tempo Tempodöker kopen,
ok Pillen, Dröppkes, Tee on Salf,
en Mensch es mettens me nur half,
de angere Halfsched – chottochott –
geht am Herfsgeschenk kapott!
Pruusten, hoosten, kröchen, schnütten,
freesen, schlockeren on denn schwetten,
Kopping, Halsping on Konzoaten,

Gleederreeten aller Oaten,
Termemeter stött op Fewer,
angersch wöär et mek völl lewer!
Knatsch vertwiefelt wönscht me bloß:
„Wöär dat Herfsgeschenk ek loß“!
Schleetlech eset denn so wiet,
doch, no de weekenlange Tiet
göfftet nur mär Obs on Nööte,
Storm on Reen on naate Fööte!
De schüanen Feste, wie me hüart,
hanntse ohne mek gefiert!

---

dertöschen – *dazwischen*
Halfsched – *Hälfte*
freesen – *frieren*
schlockeren – *zittern*
Kopping – *Kopfschmerzen*
Halsping – *Halsschmerzen*
gefiert – *gefeiert*

# Wir haben seinen Stern geseh'n

Der Weg nach Bethlehem braucht Zeit
zwischen Hoffnung, Dunkelheit,
Verirrung, Um- und Wiederkehr.
Der Weg nach Bethlehem ist schwer.
Der rechte Stern mit hellem Schein
mög' unterwegs uns Helfer sein,
der Spur zu folgen, sie zu sehn,
und beiirt in's Ziel zu geh'n.

Der Weg nach Bethlehem ist weit,
der Weg nach Bethlehem braucht Zeit.

## Chreßdag

Loffe tesamm no Bethlehem gonn,
loffe tesamm am Krippken stell stonn,
bim Kengken em Stall, en de hillige Neit.

## Gedanken zur Zeit

Schokolade, Schokolade,
– oh, du süße Weihnachtszeit –,
aufgegessen, jammerschade!
(Nur die Waage weiß Bescheid!)

# Öwer't Menschlege on alles

# Köppken Koffe

Leit sek wat op dat Gemöte,
bösse absalut darnewen,
hässen Krömmel en de Tröte,
Köppken Koffe Truast döt gewen.

Statt em Dröwen römtefeschen,
„ergeswann“, mottße dek seien,
„wiat et wiar“ –, kaß dertöschen,
dek am Köppken Koffe freuen.

Ganz ongen, – deeper geht et nömmer –,
kömmt Wellmot uttem Koffedöppen,
du kaß bim kleensten Hopnongsschemmer
plempelenks no bowen höppen.

Wie op Wolken dösse schwewen,
am Schlafitt dat Glöck gepackt,
fottens hässe Spaß am Lewen,
on dat Köppken Koffe schmackt!

Nerges kasse Woatteln schlonn,
durend höggsten Ongerscheedt,
nur te verknusen, öwerstonn,
mem Köppken Koffe, schwatt on heet.

So es de ganze Lewenstiet
dat Köppken Koffe för dän Kenner,
egalewäg en Freud on Lied
Genoot, Aaznei on Durbrenner.

---

dertöschen – *dazwischen*
Wellmot – *Übermut*
plempelenks – *unversehens*
fottens – *sofort*
Woatteln – *Wurzeln*
höggsten – *höchsten*
verknusen – *aushalten*

# Du hast das Lied

Du hast das Lied,
das in dir ruht
bis dass es aufgeweckt
durch Kummer oder frohen Mut,
weil beides in ihm steckt.

Du kannst es singen,
und ums Herz
verschwinden Druck und Brennen,
weil beides,
Freude und auch Schmerz,
sich so befreien können.

# Oatsbestemmong

Alle wellen Freeden
en de wiede Welt!
Mär alle donnt sek strieden
öm Vüardeel, Reit on Geld.

Töschen Donn on Wellen,
wat en Ongerscheed!
Dä es kum afftestellen,
blifft dat olle Leed.

Öm dat nu te begriepen,
mottme en sek gonn,
de Freedlechkeit met Striepen
dööt do de Woatteln schlonn!

---

Donn – *Tun*
Woatteln – *Wurzeln*

## Woherße kommß, wohenße gehß

Woherße kommß, wohenße gehß
te fragen, es mols rechtig!
Mär wate föhlß, woförße stehß
es dusendmol so wechtig.

## De Quinquessenz

Äs Dütsche, dat es us völl wäät,
komen vie op dööse Äät!
Mönkesmol es ok te hüaren,
dat vie Öropäers wüaren!
Flöck sie alle ek am Wönschen
te begriepen: „Vie sind Menschen!“

# Gelongentig

„Freiheit es dat höggste Got!“
Wäm se fehlt, kämpft met völl Mot,
Utdur, Kraft on ok Gebätt,
dat se fottens kommen dätt!
Esse do, wiat mols vergeten,
wie me vörher drop verseten,
es liekevölls domet tegang
ut Wellmot odder Onverstangk!
Kott on got, nu es me frei!
En Freiheit lewen, – keen Bohei!
De Sake, pätsgenau drömswegen
löt sek op maniges öwerdreegen!
Wie so oft op döse Äät:
„Iarscht wenn wat fehlt, es et wat wäät!“

---

Gelongentig – *seltsam*
liekevölls – *gleichgültig*

# Twiewel

Jedereen es sek am Tauen.
Em lewen Gott de Tiet te klauen
es Söng on Schang, weil „Tiet es Geld",
so hettet rongseröm de Welt.

Ek häff dobie so mine Twiewel,
durend flöck, äs wöär de Düwel
henger mek am Damp am Maken
on schleetlech am Schlafitt am Packen?

Ne –, stiekum onger us geseit
sie ek miar för Gemötlechkeet!
Dröm glöw ek selwer: „Geld es Tiet!
(De Iilepittersch donnt mek lied!)

---

Twiewel – *Zweifel*
Iilepittersch – *Eilepeter*
stiekum – *still*

# Zum Geburtstag

Wir sitzen alle in einem Boot
wie Noah mit den Tieren,
drum können wir auch ohne Not
uns herzlich gratulieren,
wenn neu ein Lebensjahr beginnt,
uns Alter an den Toren
mit Vorder- oder Rückenwind
fegt kräftig um die Ohren.

# Opgepaßt

Et luert ergeswann em Böschken
op mönkereen en schleites Köschken,
met Hengerlist got utstawiert,
womet et dek op't Glattiis führt,
odder öwer't Uar kann hauen,
schliekt sek een en dat Vertrouen,
on dat „Opfer" glöwt äm alles,
begriept iarscht hengerher dän Dalles.
Dörch dän Schaden wiat me klook,
eene Pleite es genog!

Bim nöchsten Mol kömmt es alt vör,
dä Schliekenfänger hätt Mallör,
dä Domme es nich mia so blöd,
denkt bi sek, – hä weet Bescheed –,
mär lött no butten sek nix merken:
„Nee, wat böß du doch för'n Ferken!"
Bliewt fröngklech, äwwer tugeknöppt
teröü tu sinem Böschken,
dat ärme schleite Köschken!
Opgepaßt! – denn, ongerm Strech
de Katte lött dat Musen nich.

---

schleites Köschken – eigentlich *kleine Brotkruste*, im übertragenen Sinn Bezeichnung für *hinterhältiger Mensch*

Dalles – *Reinfall*
Schliekenfänger – *hinterlistiger Mensch*
butten – *außen*

# Metgemackt

En godden wie en schleiten Tieden
kamme Fröhlege got lieden.
Dröm: Öftersch mol en Späßken maken!
Dän Miesepitter eentepacken
es en Kons, die ongedrööft
miarschtens allersits beleeft,
on et hett nich ohne Grongk:
„Iarlech, Lachen es gesongk!

---

metgemackt – *mitgemacht*

# Rahmen

Ungerahmt mehr nackt und bloß
scheint viel auf dieser Welt.
Ein Kleiner wird erst richtig groß,
wenn ihn ein Rahmen hält.

Denen, die bereits versorgt,
wünsch' eines ich vor allem,
dass sie die Hülle nicht geborgt
und aus dem Rahmen fallen,

weil dieser nicht so richtig paßt,
zu kostbar ist und schwer.
Auch, wenn zu unscheinbar gefaßt,
gibt er nichts Rechtes her.

Wer vom Rahmen eingeengt,
der sucht sich zu befreien,
indem er diesen einfach sprengt!
(Man wird es ihm verzeihen!)

Wenn so ein Rahmen glänzt und blitzt,
vergißt man allzu gern,
was da umradet drinnen sitzt,
das ist des Pudels Kern!

## Karakter

Jedereen, äs Floch, äs Segen
hätt aanfangs eenen metgekreegen.
Em Lewenslop zeigt sek exakt,
wat jedereen ut sinem mackt!
Gerecht es, wohen vie ok strewen,
jeder mott met sinem Lewen!

## Wenn ...

Wenn Gedold ok met em Spell,
verstehstemek on godde Well,
maniges wöär woll half so schwoar,
kapier dat endlech!,
es doch woahr!

## Frog

Göfft, wenn alles es kapott,
(onger us, ek waar alt drop)
te goter letz de lewe Gott
use Äät äs Stangkoat op?

---

Stangkoat – *Standort*

## Dat wöäret

Eenfach äs en Vogel flegen,
eenfach plempelenks pattu!
Sollen sek de angeren kreegen,
ek? – ek kiek van bowen tu!

---

bowen – *oben*
plempelenks – *unversehens*
pattu – *durchaus*

# De Tiet

Seköndsches wies mackt us de Tiet
ut Gegenwaat Vergangenhiet
on bedeent sek Stöck för Stöck
de Tukonft dörch dän Ogenbleck.
Wutsch! Esse vörbiegelopen,
wennße drop böß fast am Hopen.
Tefreeden sie, statt opgemuckt
so lange dat Gelöpps nich tuckt!

---

drop – darauf
tefreeden sie – *zufrieden sein*, im Sinne von *Reihenfolge*
Gelöpps – *Gelaufe*

# Weeßelbädersch

Mol Sonnenschein, mol drammig schwöl,
mol Wengt met Reen on dobie köhl!
De „Vieronnegenzigsäsong“
es woll total uttem Fassong!
Durend Weeßel, heet on kolt
hätt eß dä Paschtuar Kneipp gewollt!
Äwwer, wat so got för Fööte,
es et nömmer för't Gemöte!
Trurig, mucksig, mols schachmatt
leiße dek am leefsten platt,
ok alle angern Körperdeel
bekieken Weeßelweder scheel!
Hääz on Krieslop, nur noch Schrott,
en de Knokens knatsch kapott,
Hexenschööt on Hömpelbeen,
Kopping, Mums on Zepperleen!
Kott on got, en döse Tieden
es dä ganze Mensch am Lieden!
Äs Hopnong grönen, wat nich wongert,
Onkruutzoaten!, öwer hongert!,
mettenmang en de Natuur!
(Wä'n Garen hätt, es temlech suur!)

Hölpt nix, mottße stuur erdreegen,
wat van bowen kömmt, es Segen!
Vileits es bowen jo dertöschen
dä Paschtuar Kneipp flöck met am Meschen!

---

Wengt – *Wind*
drammig – *schwül*

## Mot gepackt

Quaakt dä Wederfrosch em Glaß
vam deppsten Ledderspiller,
denn plessert et, mär miarschtendeels
wiat kott dorop et heller!

„Schwupp", höppt dat Dier de Ledder rop,
Et geht, – me mott draan glowen -,
(nu klengelt es em Hengerkopp),
van ongen nur no bowen!

---

Mot – *Mut*
Ledderspiller – *Leiterstufe*

## Fisematenten

Gekälls, Gemäcks, Bedüerong!
Onmöglech aantehüaren.
Hölpt nur, dän Lögenbalg met
Schwongk
On Bessem ruuttekiaren!

---

Fisematenten – *Ausflüchte*
Bessem – *Besen*

## Truast

Döüt sorg, döüt ping, herjemineh,
kann ek mek selfs nich lieden,
eet mek tum Truast en Pralinee
on waar op bessere Tieden!

---

Döüt – *drückt*

## Diät

Dauerverzicht
ist einfach und schlicht
nicht angezeigt,
manchmal reichts!
Im Falle des Falles,
Balance ist alles,
bleibt zu ergründen,
die Mischung zu finden.
Verzicht auf Dauer
macht traurig und sauer!
Drum merke:
Bisweilen
genießen kann heilen
– man höre und staune –
Gemüt und Laune!

## Wunsch

Phantasie hat gold'ne Schwingen,
Träumen gar der Sterne Pracht.
Den Glanz zu halten mög' gelingen,
wenn man im Dunkeln aufgewacht

## Dröm

Alles lacht sek half kapott
on schlött sek op de Knei!
So rechtig löstig mackt mär bloß
dä Witz met Schwienerei!

## Do haffet

Ek!, möd engeschlopen,
vam Tellefong geropen,
uttem Bett gesprongen.
Ömsöß! – (woar falsch verbongen)
Verflixt on tugeneite
Meddagsschlöpkespleite!

# Ensecht

En Lewen lang gesökt,
emmer drop am Hopen,
öftersch noh dobie,
blengk vörbiegelopen.

Veräppelt on verdüwelt,
verkannt on affgelehnt,
– alles draangesatt –
mär ensgeheem ersehnt.

So nüadig, dat te fengen,
et göfftet nich för Geld,
em Hääz waart engeschloten
dat Stöcksken „heile Welt“.

---

blengk – *blind*

# Mol iarlech

Hengerm Rebbengitter
deep bennen,
äwwer ok
durend om Sprong,
plempelenks
uttem Kaschöttschen
no butten te höppen,
hätt äm woll jedereen en sek,
dän bennern Schwienhongk!
Ergeswann
dööt dä't schapen,
äs de „Höpp – utte – Keste"
mettendren am Lewen
sine Spöke te driewen!
Wäm hä gehüart, – dä Ondocht!,
sett em Momang
am längeren Hewel!
Off hä sek nu
hernocher (!)
schammt, – odder nich –,
de angeren woaren, – verstött sek –,
wie emmer de Dommen!
Mol iarlech:
„Wäm kömmt dat spannisch vör?

(Prakesieren mottme!)
Ömmes?
Jömmes?
Nömmes!“ (Glöw ek!)

---

plempelenks – *unversehens*
Kaschöttschen – *Gefängnis*
Rebbengitter – *Brustkorb*
butten – *nach draußen*
dän bennern Schwienhongk – *der innere Schweinehund*
Ondocht – Taugenichts
hernocher – *danach*
Prakesieren – *Grübeln*

# Fröhmoans

Ok bi Reen on fiesen Matsch
löppt dörch de Natur,
nich ut Dollerei on Quatsch,
ne, för Gesongkheit pur,
met Utdur, Lost, mär ohne Streß,
dä Mensch em Joggingdreß!

Angere wären möhsam wach,
wenn dä Wecker scheppert,
on vanwän däm hatten Krach,
es manigen bedeppert.
Nu geht et öm Minuten,
dröm möttense sek sputen.

De dredde Zoate hättet got,
keen Jogging on keen Wecker,
gemötlech opstonn, röüig Blot
on Brötsches, fresch vam Bäcker.
Em Äänst on ohne Wetze:
„Dä Rentenstangk es Spetze!"

---

Fröhmoans – *frühmorgens*

## Vergeblich

Möchte handeln, nicht nur sinnen,
an Veränderung mich freu'n,
möchte immer neu beginnen,
laß es immer wieder sein.

## Nur Geduld

„Will der Gegenwart entflieh'n,
eilig in die Zukunft zieh'n",
rief ein Knabe, jung an Jahren.
Dies hört' ein Alter, der erfahren.
„Gemach", sprach der, und: „kein Geschrei,
demnächst kommt sie bei dir vorbei!"

# Glücksmoment

Unversehens, ungeniert
schickt's der Himmel dir als Clou,
absolutes Glück passiert,
überflutet dich im Nu.
Träne fühlt sich animiert,
Glück total von Kopf bis Schuh!
Doch eh die Träne sich formiert,
geht der Himmel wieder zu.

# Sprökwöätlech

„Iarscht gedonn on denn gedeit,
hätt manigem alt völl Lied gebreit!“
(Mär ömgekiart es ok, ek wett,
för't Gegendeel keen Freibiljett!)

„Jedereen“, (dat Sprökwoat seit)
„schmett sek self sin Glöck tereit!“
(Wäm se fehlt, de Schmedekonst,
dä „wupp“ dat ganze Glöck verhonzt!)

„Een Onglöck kömmt nich gään alleen!“
„En Lögenbalg hätt kotte Been!“
(Lotend Lögen sinn, ähr Kenger,
on de Been sind wiar länger!)

„Wennße hüarß am Sengen jömmes,
satt dek, op dän kasse wetten!
Bi de Schleiten, do sengt nömmes!“
(Do bruckße dek nich hentusetten!)

„Heng an de gruate Klocke nicht“
(weil schäbbig dat on mies!)
„wat ömmes em Vertrouwen spricht!“
(On jöckt et dek ok fies!)

„Morgesstond hätt Gold em Mongk!“
(Us Kenger wuart geliart!)
„Däm Glöcklegen schlött keene Stond!“
(Wä weet, wie't funtzijuaniert ?)

„Glöck on Glaß gonn flöck kapott!“
„Scherwelen (dogegen)
„brengen Glöck!“ (Du lewen Gott,
wie soll sek dat verdreegen?“)

„Jong gefreit hätt nie geröüt!“
(Dat woar en ollen Tieden!
Oft wiat, wenn öwerhoups gefreit,
no kotte Tiet gescheeden!)

„Bi Neit sind alle Katten gries!“
„Em Donkelen es got monkelen!“
(Met Lurmüffkes do schlufffße lies,
wenn Stään am Hemmel fonkelen.)

Em Sprökwoat hettet: „En de Nuat
frett dä Düwel Fleegen!“
(Em glieken Fall Wuarscht ohne Bruat
schmackt usereens dogegen.)

„Wat du nich willß, dat me dek do“,
(deck hengerm Uar geschrewen!)
„dat fög ok keenem angeren tu!“
(Dröm löttßet lewer bliewen!)

„Et es nich alles Gold, wat blenkt!“
(Begreepen! - Keene Froog!
Ok, dattat Geld keen betschen stenkt!)
„Erfahrong, die mackt klook!“

---

lotend – *laßt uns*
Scherweln – *Scherben*
Lurmüffkes – *Pantoffeln*

**Charlotte Elling**, 1925 in Barmen geboren, machte 1943 Abitur und studierte anschliessend Gesang in Wuppertal. Es folgte ein Studium des Bibliothekarswesens an der Universität Köln, welches sie 1959 abschloss. Nach einem Jahr in Velbert kam sie zur Stadtbibliothek in Elberfeld und blieb dort bis zu ihrem Ruhestand 1990. Elf Jahre lang gab sie parallel zu ihrer Tätigkeit als Bibliothekarin aber auch Konzerte als Sängerin. Während mehrerer Krankenhausaufenthalte begann Charlotte Elling Geschichten in Wuppertaler Platt zu schreiben und zu illustrieren und malen.

**Paul Decker**, geboren 1948, ist Wuppertaler Mundart-Autor und Komponist vieler Wuppertaler Lieder.
Seit 40 Jahren steht er als Frontmann der Dialekt-Band „Striekspöen“ auf der Bühne.

Verlag Edition Köndgen

Im Verlag Edition Köndgen erscheinen Bücher und Geschenkartikel über Wuppertal, Schwelm und das Bergische Land. Die vielfältigen Facetten dieser Region werden darin lebendig präsentiert.

*www.edition-koendgen.de*

Bibliographische Informationen der Deutschen Nationalbibliothek: Die Deutsche Bibliothek verzeichnet diese Publikation in der Deutschen Nationalbibliographie; detaillierte Daten sind im Internet unter *www.dnb.de* abrufbar.



1. Auflage 2017

Koordination: Martina Frank-Rosenberg
Lektorat: Paul Decker
Druck: BoD GmbH, Norderstedt
Printed in Germany

ISBN 978-3-939843-89-4
www.edition-koendgen.de

Charlotte Elling, *Vertellsches on Vääschkes uttem Wopperdal*
124 S., br., zahlr. sw-Illstr., ISBN 978-3-939843-62-7, € 12,95

Charlotte Elling, Jahrgang 1925, berichtet in ihrem ersten Band über ihre Kindheit in Barmen. Das macht sie in Reim und Prosa – „Vertellsches on Vääschkes" eben – und immer mit so viel Humor und Herzlichkeit, dass nicht nur Freunde des Barmer Platt gerne ihren Erinnerungen folgen.

Ergänzt werden die Texte, die in keiner lokalen Literatursammlung fehlen sollten, durch Übersetzung vieler Ausdrücke sowie durch liebevolle Pflanzenillustrationen der Autorin.

Verlag Edition Köndgen